Nicht Nachlaßverwalter, sondern Wegbereiter

Nicht Nachlaßverwalter, sondern Wegbereiter

Klaus Hemmerle

Predigten 1993

Herausgegeben von Karlheinz Collas

einhard verlag

Die Deutsche Bibliothek - CIP-Einheitsaufnahme

Hemmerle, Klaus:
Nicht Nachlaßverwalter, sondern Wegbereiter: Predigten 1993 /
Klaus Hemmerle. Hrsg. von Karlheinz Collas. - Aachen:
Einhard-Verl., 1994
ISBN 3-920284-88-7
NE: Collas, Karlheinz [Hrsg.]

1994 einhard, Aachen

Herstellung:
Grafische Gestaltung: Stephanie Gröger
MAC Studios, Agentur für Konzeption, Grafik und Realisation GmbH,
Düsseldorf
Druckerei Erdtmann, Herzogenrath
Titelfoto: Klaus Herzog

Printed in Germany

Inhaltsverzeichnis

Vorwort

Als unser Bischof Klaus Hemmerle am 23. Januar 1994 gestorben war, wurde bald die Frage nach einem geistlichen Testament gestellt. Ein solches wurde nicht gefunden, und es entsprach wohl auch dem Stil des Bischofs, keines zu verfassen.

Dennoch haben wir ein "geistliches Testament": den Nachlaß der vielen Predigten, Hirtenworte, Briefe und Vorträge. In ihnen begegnen wir dem Glaubenszeugnis unseres Bischofs, wie er es über 18 Jahre im Bistum Aachen gegeben hat. Es ist ein kostbares Vermächtnis, das uns auch künftig in der Weggemeinschaft der Glaubenden begleiten soll.

Aus der Fülle der Predigten, die Bischof Klaus im Aachener Dom gehalten hat (sie wurden nahezu vollständig in Tonaufnahme und Nachschrift festgehalten), werden hier die Predigten bei der Bischofsweihe am 8. November 1975 und die des letzten Lebensjahres veröffentlicht, beginnend mit dem Weihnachtsfest 1992 und endend mit der Predigt zum Jahresabschluß 1993. Angefügt ist sein letztes öffentliches Wort beim Gottesdienst der Griechisch-Orthodoxen Gemeinde in Aachen am 16. Januar 1994. Die Predigten werden nahezu im Wortlaut wiedergegeben.

Zu danken ist Herrn Domküster Cuvelier für die Tonbandaufnahmen, den Damen Marianne Bandel und

Isgard Eschweiler für die schriftliche Fassung und Herrn Kaplan Peter Blättler für die Lektorenarbeit.

Die Predigt Bischof Lehmanns beim Begräbnisgottesdienst am 29. Januar 1994 ist Verkündigung und Würdigung zugleich. Darum bildet sie den Abschluß.

Der Titel dieses Buches "Nicht Nachlaßverwalter, sondern Wegbereiter" ist Zitat aus der Predigt am Jahrestag der Bischofsweihe. Dieses Wort ist Weisung für uns Glaubende und Aussage über Bischof Klaus Hemmerle.

Aachen, im Februar 1994

Karlheinz Collas

Gemeinschaft ist die Aufgabe, die ich vor mir sehe

Bischofsweihe am 8. November 1975

Liebe Schwestern und Brüder!

Ich glaube daran, daß ich in dieser Stunde eine Gabe des Heiligen Geistes empfangen habe. Diese Gabe kann niemand anders mir schenken als Gott allein. Ihm danke ich für diese Gabe, und ich bitte ihn, daß er mich zum leeren Raum, zum Nichts werden läßt, in dem nicht ich mich entfalte, sondern seine Gnade allein. Ich glaube aber auch daran, daß Gott diese Gabe durch die Hände von Menschen weitergibt, und so gehört es zum Dank gegen Gott, daß ich auch den Menschen danke, die mir in dieser Stunde die Gabe des Geistes verliehen haben, indem sie mir die Fülle des Sakramentes meiner Priesterweihe geschenkt haben und mich aufgenommen haben ins Kollegium der Bischöfe, die der Kirche Gottes dienen.

Ich darf da an erster Stelle Bischof Pohlschneider nennen. Er hat in einem beispielhaften Dienst die Kirche geleitet. Wir wollen ihm danken. Wir wollen ihn in unserer Mitte behalten; und wenn es eines Menschen Tag sein soll, was heute geschieht, dann ist es nicht der meine, sondern der seine. Ich danke dem Metropoliten unserer Kirchenprovinz, Herrn Kardinal Höffner, daß er mich in mein Amt eingeführt hat. Und ich muß ehrlich gestehen, ich bin froh, daß er es getan hat, ich bin ihm verbunden in der Arbeit seit vielen Jahren, und sein Glaube und sein Menschsein haben mir viel geschenkt. Ich danke meinem lieben verehrten Heimaterzbischof Hermann Schäufele, ihm persönlich, der mich schon die ersten Schritte in meinen Dienst hineingeführt hat, der mein Konviktsdirektor war, ihm als Vertreter meiner lieben Freiburger Heimat, der ich sehr viel zu verdanken habe. Ich danke meinen Aachener Mitbischöfen Buchkremer und Dicke. Ich freue mich, daß ich sie zu Mitbischöfen habe. Ich freue mich auf unsere Gemeinschaft und unseren gemeinsamen Dienst. Zu erwähnen wären so viele und so viele ganz persönlich, aber wir sind nicht Menschen, die irgendwo im Vordergrund stehen, sondern wir wollen zurückstehen hinter dem einen Bild dessen, der der einzige Hirte seiner Kirche ist.

Von Menschen habe ich die Gabe Gottes empfangen, und nur mit Menschen kann ich diese Gabe selber verwalten. In der Einheit zunächst, in der tiefen inneren persönlichen und ganzen Einheit mit unserem Papst Paul VI. In der Einheit mit allen Bischöfen, in der Einheit mit meinen Mitbrüdern im priesterlichen Amt, meinen Mitbrüdern als Diakonen, meinen Mitarbeitern und Mitbrüdern, den Laien, die sich in den Dienst der Kirche gestellt haben. Ich möchte in dieser Stunde allen denen ganz aufrichtig danken, die dieses Bistum, die die Kirche hier vorbereitet haben, so daß ich in dieses Bistum eintrete als in eine Herde Gottes, die vom Heiligen Geist und die vom Guten Hirten gelenkt und geleitet ist. Ich danke ganz besonders denen, die durch ihren namenlosen Beitrag, durch ihr stilles Leiden und Beten, ihre unscheinbare Arbeit vor Ort, die vielleicht durch viele Enttäuschungen hindurch die Treue bewahrt haben und so den Weg Gottes, der immer zuerst und vor allem ein Weg des Kreuzes ist, geebnet haben. Wir wollen miteinander diesen Dienst tun, miteinander, damit der Herr in unserer Mitte ist und damit er sein Werk vollenden kann.

Die Gemeinschaft ist die Aufgabe, die ich vor mir sehe. Aber diese Gemeinschaft ist nicht nur eine Aufgabe. Diese Gemeinschaft ist schon jetzt eine Erfahrung in diesem Gottesdienst - ich hoffe, wir haben sie alle gespürt. Und wir sind nicht nur die Summe vieler einzelner, von denen jeder seine Ideen im Kopf hat, und dann addieren wir uns unter einen gemeinsamen Nenner, sondern wir sind verbunden. Und was uns verbindet, ist mehr als die Woge der Bewegung oder der Begeisterung, die hier so schön genährt ist durch diesen einmaligen herrlichen Raum, durch diese schöne Liturgie, durch diese wunderbare Musik. Wir wollen allen danken, die hier Dienst tun, die durch ihren stillen und lauten, ihren auffälligen und unauffälligen Dienst diese Stunde bereitet haben. Einen ganz herzlichen Dank dafür! Aber was uns hier bewegt und verbindet, ist etwas Tieferes, für das alle Schönheit und aller Glanz nur ein äußerer Ausdruck sein können. Ich möchte sagen, es ist die Gabe aller Gaben, es ist die Gabe des göttlichen Lebens selbst. Gott hat uns alles gegeben, was er hat. Er hat uns sein eigenes Leben gegeben, damit wir dieses Leben miteinander leben. Und dieses Leben ist jene göttliche Einheit von Vater und Sohn im Heiligen Geist. Nur wenn wir so leben wie der Vater und der Sohn im Heiligen Geist, nur wenn wir das Leben Gottes leben, nur dann haben wir das Maß unseres Christseins erfüllt. Und nur dann, wenn wir dieses tun, werden wir auch zur Antwort werden in dieser Zeit, zur Antwort an die Menschen, die herauswollen aus ihrer Vereinzelung, die herauswollen aus der Angst, daß sie nur an den Rand Gedrängte sind, die herauswollen aus diesem Silbenrätsel der Welt in dieses eine Wort, in dem sie geborgen sind, in dem sie sich verstehen können, in dem sie einander verstehen können. Und dieses eine Wort ist das göttliche Leben, das uns erschlossen ist in Jesus Christus, der uns Anteil gegeben hat an seinem Verhältnis zum Vater.

Die Linien nicht nur des Johannesevangeliums laufen in dem Satz zusammen, der mir schon seit langem unendlich viel bedeutet: "Laß alle eins sein wie du, Vater, in mir und ich in dir, damit die Welt glaube" (vgl. Joh 17, 21). So sollen wir leben. Und dies ist auch der Sinn des bischöflichen Dienstes, daß diese Einheit geschieht, daß sie lebendig ist, daß sie wächst, daß sie ausstrahlt, daß sie zum Zeugnis wird für die Welt. Dimensionen dieser Einheit, die mir besonders am Herzen liegen: Das ist wirklich die Einheit unserer Gemeinden, die Einheit der vielen Dienste in ihnen, die Einheit zwischen Priestern und Laien, aber auch die Einheit im Presbyterium. Die Einheit, die allein glaubwürdig macht, daß nicht wir die Herren sind, sondern daß Er der Herr ist; diese Einheit des priesterlichen Dienstes, sie ist mir ein Herzensanliegen ganz besonderer Art. Und ich muß im selben Atemzug auch die Einheit der Kirche nennen, die Einheit über den Raum unserer römisch-katholischen Kirche hinaus, die Einheit zwischen allen, die sich zu diesem einen lebendigen Gott bekennen, auch im Judentum und Islam. Jene Einheit auch zwischen Kirche und Gesellschaft, in der nicht beides ineinander überfließt, aber in der beides in jenes Verhältnis tritt, in dem klar ist, daß die Einheit, die Gott gibt, der Sauerteig der Gesellschaft ist, der den Menschen freisetzt und freimacht, damit er auch ganz Mensch ist, weil er nur ganz Mensch sein kann, wo Gott das Recht hat, ganz Gott zu sein und uns alles das zu schenken, was er uns schenken will. Und er will uns eben nichts Größeres schenken als dieses innigste Geheimnis seiner Einheit.

Aber das soll kein Programm sein; denn mit Programmen fahren wir nicht gut. Es soll ein Leben sein, und deswegen muß ich mich unter dieses "Programm" stellen. Ich muß selber damit anfangen, diese Einheit zu leben. Und da bin ich darauf angewiesen, daß Sie alle, meine Schwestern und Brüder, mir helfen, daß wir das miteinander tun. Wie kann das geschehen?

Geben wir Raum Jesus Christus. Er hat nicht sich gebracht, er hat nicht sich gepredigt. Er war von einer einzigen Leidenschaft besessen, davon, den Willen des Vaters zu tun. Er ist sein Ausdruck, sein Wort. Und indem er das ist, ist er unser Wort, unser Ausdruck. Alles, was in der Welt drinnen ist, spiegelt sich auf dem Antlitz des gehorsamen Gottesknechtes Jesus. Er hat unsere Last getragen. Er ist der einzige Sohn, er ist das Wort des Vaters und ist so unser Wort. So verstehe ich meine Aufgabe zunächst: nicht mich zu bringen, nicht mich zu sagen, sondern Wort zu sein, lebendiges, inkarniertes Wort des Evangeliums, Wort Gottes, und liebend - hörend - annehmend Wort der Gemeinden, Wort eines jeden einzelnen, der mir begegnet. Ich muß ein leeres Herz haben für Gott, ich muß ein leeres Herz haben für jede und jeden, der mir begegnet. Ich weiß, daß das ein Risiko ist, es zu sagen. Aber es ist das Maß Jesu, und wehe mir, wenn ich dieses Maß nicht zu meinem mache. Wir alle wollen Wort werden für das Evangelium und Wort füreinander.

Geben wir auch Raum Gott, dem Vater. Jesus sagt uns: Wer mich sieht, sieht den Vater. Auch wer uns sieht, soll auf eine andere und doch eigene und eigentliche Weise sagen können: Wer uns sieht, sieht den Vater. Das ist der Sinn von Macht, nicht von Macht, nein, der Sinn von Vollmacht, von Autorität, auch in der Kirche: daß der Vater sichtbar wird. Wir müssen den Mut haben, den

Vater sichtbar zu machen. Aber wie wird der Vater sichtbar? Wodurch ist der Vater Vater? Dadurch, daß er als erster liebt. Als erster lieben und alle lieben ohne Ausnahme, das ist das Fundament aller Autorität in der Kirche, und dazu will ich mich bekennen. Das aber ist auch die Weise, wie wir allein, ohne frustriert zu sein, Antwort geben können. Nur so, daß wir ins Dunkel, daß wir in die Enttäuschung, daß wir über die Schatten hinweg, daß wir dahinein einfach vom Nullpunkt an als erste lieben, als erste wieder anfangen. Geben wir so miteinander dem Vater Raum, jede und jeder in seiner Rolle, jede und jeder an seiner Stelle.

Und geben wir Raum dem Heiligen Geist. Mir hat jemand gesagt: "Ich wünschte, Herr Kollege, daß Sie der Geistliche Assistent Ihres Bistums werden!", und ich habe mir dieses Wort sehr zu Herzen genommen. Der Heilige Geist, der nicht sich ins Licht setzt, sondern lebendige Einheit, lebendige Verbindung ist von Vater und Sohn. Am meisten sichtbar in jener, die ganz leer von sich im Heiligen Geist das Wort empfangen hat, so daß es Fleisch werden konnte. Von jener, die still und schweigend und mitleidend bis zum Äußersten unter dem Kreuz stand, als er seinen Geist uns dahingab. Von jener, die unter den Aposteln betend zugegen war, als sie auf die junge Kirche den Heiligen Geist herabbeteten. Sie soll nicht nur unsere Fürsprecherin, sondern sie soll für mich und für uns das Modell des Lebens sein im Geist. Hintergrund sein, Schweigen sein, Verbindung, Vermittlung, Versöhnung sein. Damit fängt der bischöfliche Dienst an, damit fängt jeder Dienst in der Kirche an.

Gleich werde ich Ihnen zum ersten Mal den bischöflichen Segen spenden. Ich werde es tun im Namen des Vaters und des Sohnes und des Heiligen Geistes. Was das für mich bedeutet, habe ich vielleicht jetzt ein bißchen gesagt durch dieses Wort, das mein Wahlspruch sein will. Ich möchte, daß der Segen jener Einheit unter uns wächst, jener Einheit, die Zeugnis für die Wirklichkeit Gottes in dieser Welt ist. In diesem Dienst, in diesem Segen will ich mein künftiges Leben investieren für die Kirche von Aachen: Alle eins, damit die Welt glaube.

Gott will geboren werden, wo er nicht ist

Christmette 1992

Liebe Schwestern und Brüder!

Für mich war die Weihnachtsgeschichte des Jahres die Begegnung mit einer Ausländerin, einer Frau, die heute unter uns wohnt und die in Albanien aufgewachsen ist, in jenem Land, das sich ganz abgeschlossen hatte gegen jede Religion. Und so hat auch sie in ihrer Jugend nichts, schlechterdings nichts gehört von Gott. Aber als sie 16 Jahre alt wurde, da kam eine Unruhe in sie, ohne jeden äußeren Anlaß. Sie mußte mit jemand sprechen. Aber diesen Jemand sah sie nicht, diesem Jemand begegnete sie nicht, dieser Jemand war in ihr. Diese Unruhe war so stark in ihr, daß sie anfing, jeden Tag mit diesem Jemand zu sprechen. Ohne es zu wissen, was sie tat: Sie betete. Das ging so sieben Jahre, und da begegnete sie einer Kollegin. Die hatte zufällig ein Blatt bei sich mit ein paar Worten und schob es ihr zu; und auf diesem Blatt war das Vaterunser geschrieben. Da entdeckte diese Frau, daß es dieser Jemand war. Er bekam plötzlich einen Namen. Sie entdeckte auf dem Blatt dieser anderen: Das ist der Text meines Lebens, mit dem Wort habe ich gelebt.

Und es vergingen wieder Jahre um Jahre, ohne daß sie wußte, wo dieses Vaterunser geortet sei, bis sie endlich Christen begegnete, dem Evangelium begegnete und den Glauben annahm.

Für mich ist das ein Weihnachtswunder. Ein Mensch, der von außen keinen Anstoß hat, in dem einfach im Innern dieses Ungeheuerliche wächst. Ich habe mich ein wenig erinnert an das, was - in aller Behutsamkeit gesagt - in Maria der Jungfrau vorgegangen sein mag, als da Leben von Gott in ihrem Innern, in ihrem Schoß wächst. Seit damals ist es eine frohe Botschaft für uns, daß es so etwas gibt: Gott will geboren werden, wo er nicht ist. Heute ist vielleicht noch mehr Weihnacht als damals. Denn die Hirten wußten von diesem Gott, Maria wußte von diesem Gott, Elisabet wußte von diesem Gott, und der Stern, der die Weisen angezogen hat, er sprach von etwas Heiligem und Großem. Aber heute ist "Albanien" - jedenfalls wie es einmal war - überall, und wir selber leben in "Albanien". Es gibt so etwas wie eine sich ausbreitende Abwesenheit Gottes, eine Unerfahrenheit mit Gott, ein Nicht-Hören und ein Nicht-Wissen von Gott. Und da hilft es nicht, zu lamentieren und auf die bösen Eltern oder die bösen Verhältnisse zu schimpfen. Woher sollen viele es haben? Wie soll das gehen: an diesen Gott glauben?, wenn man nicht das Glück hat, in irgendeinem Kontext aufgewachsen zu sein, der einen glauben läßt.

Kann Gott in seine Abwesenheit hineingeboren werden? Gibt es das? Die Erfahrung der Albanierin sagt: In uns ist etwas. In uns können wir etwas ertasten und erhören von Ihm. In uns sind verborgene, verschüttete, vielleicht nicht wahrgenommene Erfahrungen mit Ihm. Gottes Leben ist in unserem Herzen wie im Schoß der Jungfrau. Aber wie bei dieser jungen Albanierin, so bedürfen auch die Erfahrungen unserer Zeit mit Gott des deutenden Wortes, einer Gemeinschaft, um aufzublühen. Der Same ist da, aber blühen kann es erst, wenn irgendwo das erweckende Zeugnis, das erweckende Wort hinzukommt. Der Same ist da, aber es braucht die Begegnung, damit der Glaube an Gott wachsen kann.

Ich habe, meine lieben Schwestern und Brüder, diese Erfahrung mit der jungen Albanierin nicht erzählt als eine allgemeine Betrachtung von irgend etwas, was vielleicht weit weg von uns geschieht. In dieser Frau, die Gott nicht kennt und ihn doch kennt, und in denen, die Gott kennen und ihn ihr auch weitergeben, in denen entdecke ich zugleich auch unsere Situation; auch unter uns gibt es beide Typen, auch unter uns gibt es die, denen Gott fremd ist, und die, die ihn kennen und ihn hoffentlich auch weitergeben.

Ich rechne damit, daß heute hier in diesem Gottesdienst nicht nur Menschen sind, die einen unangefochtenen Glauben haben. Ich rechne damit, daß hier Menschen sind, denen die Erfahrungen dieses Jahres es schier unmöglich machen, von dem Gott zu sprechen, der die Liebe ist. Ich rechne damit, daß hier Menschen sind, die sich wahnwitzig schwertun mit der Kirche und die vielleicht auch schon drauf und dran waren, mir einen Brief zu schreiben wie jener junge Mann vor wenigen Tagen, der mir geschrieben hat: "Jetzt ist Schluß, ich kann nicht mehr!" Ich rechne damit, daß Menschen da sind, die viel gewußt haben von Gott, aber jetzt ist es zugedeckt. Und es ist ja vielleicht auch der einzige Abend im Jahr, an dem sie in die Kirche kommen. Und ich schimpfe nicht mit ihnen, sondern ich bin froh, daß sie da sind. Und es mag sein, daß Menschen da sind, die nur deswegen hierher gekommen sind - und das ist schon etwas -, weil sie um des lieben Friedens willen, um der Freundschaft mit ihren Eltern oder ihrer Frau willen hier mitgekommen sind. Ich rechne damit, daß wir diese Menschen unter uns haben und daß wir alle hin und wieder diese Menschen sind.

Und doch sage ich uns, Ihnen und mir: Irgendwo ist etwas in unserem Herzen, was Sein Leben ist. Und das ist unendlich kostbar. Ich sage es nicht, damit Sie irgendwo in die Kirche gehen, so wichtig mir dies ist. Ich sage, es ist wichtig, um einfach das Leben zu haben, das Leben in Fülle, jenes Leben, das keiner ganz hat, der nicht diesen Gott kennt. Ich bin überzeugt, wir kennen ihn mit den innersten Bewegungen unseres Herzens. Decken wir jene Erfahrungen in uns auf. Gehen wir in die Tiefe hinein. Steigen wir wieder ein in die Stille und horchen wir auf Ihn in unserem Innern. Wecken wir die Erinnerungen in uns an die Augenblicke, wo Er in uns lebte. Und glauben wir daran, dort, wo Gott nicht in uns ist, will er geboren werden.

Aber vielleicht und zu Recht fühlen viele von uns sich auf der anderen Seite. Wir sagen: Gott sei Dank, daß wir den Glauben haben. Gott sei Dank, daß wir getröstet sind. Gott sei Dank, daß wir daran glauben können, daß er uns liebt. Gott sei Dank - auch wenn wir nicht dafür können -, daß wir beschenkt sind mit einer Familie, mit einer Gemeinde, einem Kontext des Lebens, in dem wir geborgen sind und Hoffnung haben, die weiter trägt als das, was wir sehen. Gott sei Dank haben wir Erfahrungen mit Gott gemacht. Gott sei Dank kennen wir das Vaterunser und den, der es uns gelehrt hat. Gott sei Dank sind wir bei dem, der heute geboren ist, und er ist unser Familienfreund. Gott sei Dank! Ich sage es mit Ihnen. Aber wie können wir diesen Schatz haben und nebendran haben soundsoviele ihn nicht? Wie können wir dies für uns behalten und soundsoviele können nicht glauben? Wieso können wir "Gott sei Dank" sagen und nicht das Leiden des Gottes teilen, der gekommen ist, um hier bei denen zu sein, zwischen denen geboren zu werden, zwischen denen zu leben, die ihn nicht kennen? Wie können wir das Vaterunser kennen und es nicht denen hinhalten, die es bräuchten, um ihre Erfahrung zu deuten? Wie können wir das Evangelium haben und es nicht denen bekannt machen, die es nicht kennen und die doch Menschen sind wie wir, Menschen, manchmal besser, Menschen, manchmal tiefer, Menschen, manchmal radikaler, ehrlicher und ernster als wir. Wie können wir diesen Schatz für uns bewahren? Das heißt für uns jetzt nicht einfach, über den lieben Gott plappern, das heißt nicht, den Leuten fromme Bücher schenken. Das heißt nicht, irgendwo Bekenntnisse abzulegen, wo sie gar nicht hingehören. Aber es heißt, so leben, so dasein, daß man uns irgendwie anspürt, daß diese Wirklichkeit in uns ist, daß wir Vertrauen haben und daß dieses Vertrauen keine merkwürdige Privatangelegenheit ist, sondern daß es unser Leben trägt und prägt. Es heißt dann aber auch, den Mut haben, darüber zu sprechen, auch in aller freilassenden Diskretion den Mut haben, Zeugnis zu geben.

Wir sind, liebe Schwestern und Brüder, in einer Situation, die ernster ist als zur Zeit der Geburt Christi. Der Advent ist tiefer, die Nacht ist dunkler, die Abwesenheit Gottes ist dichter. Aber gerade heute, hier und durch uns will er geboren werden, in unserer Mitte. Wir haben eine wahnwitzige Verantwortung für die Zukunft des Glaubens, und das heißt: für die Zukunft der Menschheit. Wir haben die Verantwortung, daß Er geboren wird: dort, wo man nicht an ihn glauben kann, weil man nicht an die Liebe glaubt. Dort, wo man alleingelassen sich wähnt, weil man nicht aufgenommmen wird. Dort, wo nur Scheingerechtigkeit waltet und nicht glaubwürdiges Zeugnis der Liebe.

Wir haben eine ungeheure Verantwortung. Gehen wir in unser Inneres, suchen wir unsere verborgenen Erfahrungen auf mit Ihm. Horchen wir, ob sie nicht zum Schwingen und zum Sprechen kommen in dieser Stunde. Und wenn wir den Glauben haben, und wenn wir ihn in Fülle haben, dann nehmen wir ihn als Frucht und Samen, als

Samen, den wir ausstreuen wollen. Brechen wir auf an diesem Weihnachten: nicht nur zum Herrn in uns, sondern auch zum Herrn draußen und so zum Herrn in unserer Mitte. Dann kann dort, wo der lebendige Gott nicht ist, dieser lebendige Gott geboren werden.

Das Wort ist wortlos und ortlos geworden

Erster Weihnachtsfeiertag 1992

Liebe Schwestern und Brüder!

Als ich diese Weihnachtspredigt vorbereitete, kamen mir immer wieder zwei Worte quer: das Wort "wortlos" und das Wort "ortlos". Wieso? Ich habe ein wenig in unsere Situation hineingeschaut. Schließlich ist ja Jesus Mensch geworden, um unsere Situation mit uns zu teilen. Und da dachte ich, es gibt sehr viele Worte heute, aber es fehlt uns das lösende Wort. Viel wird gesprochen, aber in den großen und drängenden Problemen sind wir ratlos und stumm. Schon vor einem Jahr habe ich gedacht, das muß doch endlich bald ein Ende nehmen, das kann doch nicht so weitergehen in diesem ehemaligen Jugoslawien. Und heute? Und vor einem Jahr schon hungerte man in Somalia. Und heute? Und vor einem Jahr schon schrieb ich in meinem Weihnachtsgruß an alle, daß Jesus der Fremde geworden ist und wie wir mit den Fremden unter uns zuwegekommen, ihnen Heimat geben. Die Spannungen sind nicht geringer geworden. Und man sprach vor einem Jahr von der Drogenmafia und der Guerilla und den paramilitärischen Banden in Kolumbien; und jetzt war ich dort und habe gesehen, daß das noch viel ausswegloser ist, als es vielleicht vor einem Jahr schien. Überall fehlt jenes Wort, das löst. Wir sind ratlos und ortlos. Und das sind nicht nur jene, die als Flüchtlingsströme suchen, wohin sie kommen, sondern auch jene, die bei uns, mit uns wohnen. Vielleicht sind wir selber ratlos und ortlos. Wie vielen ist die Familie nicht mehr Ort, in dem sie bleiben können. Wie vielen sind nicht mehr die herkömmlichen Sozialgebilde, die uns beheimatet haben und Kultur geboten haben, Heimat, so daß sie uns wirklich prägen. Wie viele Freundschaften, Partnerschaften und auch Ehen zerbrechen, weil man keinen Ort mehr findet. Wie viele geben leicht bei irgendeiner Erschütterung oder etwas, was einem nicht mehr paßt, auch die Zugehörigkeit zur Kirche auf, weil sie keinen Ort in ihr finden.

Und auch jene 400 Palästinenser zwischen Israel und dem Libanon sind ohne Woher und Wohin. Sie können nicht zurück und sie können nicht vorwärts. Sie sind sozusagen das Symbol des Menschen heute, der das rettende Wort nicht findet und der ihm nicht begegnet und der keinen Ort hat: ausgeliefert, unterwegs ohne Wohin und Woher.

Dahinein spricht die Weihnachtsbotschaft. Aber wenn ich mich wirklich frage, wie kann ich sie sagen, dann spüre ich, daß auch die Hirten damals nicht einfach das Wort hatten, jenes Wort, das wirklich löst. Was sollen wir tun in dieser Situation mit der uns aufgetragenen Botschaft?

Wir können nicht einfach sagen: Lebt das Evangelium und alles ist gut. Wir können nicht einfach sagen: Baut auf Ihn, und ihr werdet alles verstehen. Wie viele verstehen die Welt nicht mehr und kriegen es nicht mehr über die Lippen zu sagen, daß dieser Gott Liebe ist, wenn sie jene Schreckensbilder sehen. Ich glaube, daß Er die Liebe ist, ich glaube, daß Er das Wort ist. Aber wie es sagen? Und wenn ich ganz ehrlich bin, dann sehe ich auch für uns keine andere Möglichkeit als die der Hirten in ihrer Not. Es gibt keinen anderen Weg als den nach Betlehem. Dorthin, wo Er, das Wort, Fleisch geworden ist und Ort unter uns genommen hat.

Aber fragen wir einmal, was es heißt, nach Betlehem zu gehen. Vielleicht können wir das Wort nicht nennen, vielleicht können wir das Wort nicht sagen, nicht ausdrücken, nicht in eine Formel fassen. Aber wir können uns einlassen auf diesen seinen Weg und dann eine höchst erstaunliche, vielleicht befremdliche, zuerst enttäuschende, aber - wenn wir tief genug hineinhören - heilende Antwort finden. Das Wort ist Fleisch geworden, das heißt, es ist wortlos und ortlos geworden. Gott hat sein Wort nicht gesandt, damit es Lösungen anbiete, sondern damit es Gemeinschaft mit uns halte und dort sei, wo wir sind. Es heißt nicht einfach "das Wort ist Mensch geworden", sondern "das Wort ist Fleisch geworden". Und dieses Wort "Fleisch" hat im Johannesevangelium einen ganz präzisen Sinn. Dieses Wort "Fleisch" meint menschliche Wirklichkeit in ihrer Hilflosigkeit, in ihrer Vergänglichkeit, in ihrer Gebrechlichkeit, in ihrer Ratlosigkeit und Unbeständigkeit aus sich selber. Und da heißt es nicht nur, daß dieses Wort hineingesprochen hat in das Fleisch, daß es mit unserem Fleisch sich bekleidet hat, sondern es ist Fleisch geworden. Er ist dahin gekommen ins Wortlose und Ortlose. Er hat nicht gesagt: Ich ziehe dich heraus; sondern er hat gesagt: Ich steige zu dir hinein und hinunter. Das hat er getan. Er ist wortlos und ortlos geworden. Beileibe, er hat uns Worte gesagt, Worte des Lebens, die ungeheuerlich sind, Worte, von denen wir spüren können durch alles hindurch, daß sie Worte des Lebens sind. Aber das Entscheidende hat er nicht darin getan, daß er diese Worte sagte, sondern daß er ein Kind geworden ist und da war, 30 Jahre stumm, dann gesprochen hat und danach wiederum stumm und wortlos gestorben ist. In diesem Dasein, in diesem Sterben, in dieser Wortlosigkeit, da ist er, wo wir sind. Er selbst ist ortlos geworden. Das Wort Logos, das Wort Wort, das Wort Sinn kommt im ganzen Johannesevangelium nach diesem einen Satz "Und das Wort ist Fleisch geworden" (Joh 1, 14) nicht mehr vor. Er geht ganz hinein in dieses Fleisch, er hat nur in diesem Fleisch seinen Ort. Und was ist dieser Ort? Aufgegessen zu werden von uns. Nur vom Fleisch Christi ist dort noch die Rede, wo vom Aufessen die Rede ist, von der Eucharistie, die ihn verzehrt. Er ist dahinein gegangen in unsere Ortlosigkeit des unbeständigen Fleisches.

Ja, alle drei Weihnachtsgeschichten, die uns erzählt werden, die nach Matthäus, die nach Lukas und die nach Johannes, haben es damit zu tun, daß er ins Unterwegssein, daß er in die Flucht geboren worden ist. Bei Johannes: "Er kam in sein Eigentum, aber die Seinen nahmen ihn nicht auf" (Joh 1, 11). Bei Matthäus: Er wird hineingeboren in die Flucht nach Ägypten (vgl. Mt 2, 13-15). Bei Lukas: In der Herberge war kein Platz für sie, und man legte ihn dort draußen in einen Futtertrog (vgl. Lk 2, 7). Und von seinem Tod heißt es: Er litt draußen vor der Stadt und trug dort unser Verfluchtsein (vgl. Joh 19, 17. 20) - draußen, ortlos. Das ist Er. Aber was sagt das uns? Wir können keinen anderen Weg des Heiles gehen für uns und für die anderen als Seinen Weg. Hineingehen mit Ihm in die Wortlosigkeit und Ortlosigkeit des anderen und unserer selbst. Wir können nur dieses tun, daß wir uns nicht zurückziehen vor dieser Situation, daß wir uns nicht verabschieden aus ihr, daß wir nicht sagen: diese böse Welt - und dann gehen wir auf die Seite. Wir können aus der Kirche kein Getto machen, in das wir uns selig hineinträumen und die Welt Welt sein lassen. Wir können nur selber mit ihm in diese Ortlosigkeit und Wortlosigkeit steigen, wenn wir teilen, wenn wir lieben, wenn wir mittragen, wenn wir da sind, wenn wir auf sein Dasein vertrauen. Wir brauchen nicht die Antwort und nicht die Lösung wissen, sondern nur da weitergehen, Schritt um Schritt auf Sein Wort hin, auf dieses Wort hin, das Fleisch geworden ist. Das ist der Weg nach Betlehem, und das ist unser Weg.

Aber das ist dann auch der weihnachtliche Weg, auf dem dieses andere Wort nicht unterbleiben und nicht weggelassen werden kann, das sagt: "Und wir haben seine Herrlichkeit gesehen" (Joh 1, 14). Wir sehen seine Herrlichkeit, wenn wir nicht weichen vom Fleische Christi, wenn wir nicht weichen aus unserer Situation, wenn wir bei Ihm bleiben. Und das heißt: wenn wir auf Sein Wort hin leben, wenn wir miteinander sein Wort austauschen, wenn wir um seines Wortes willen die anderen annehmen und aufnehmen. Wenn wir uns exponieren in den Nöten. Wenn wir sie teilen. Wenn wir Heimat bieten. Wenn wir auch jene, die weglaufen, innerlich im Herzen tragen, wenn wir Gesprächspartner bleiben, wenn wir nicht abschreiben, wenn wir nicht abschieben, wenn wir nicht ausgrenzen. Nur so sind wir eins in seinem Namen. In der ausgehaltenen Wortlosigkeit und Ortlosigkeit wird nicht eine phantastische, große, triumphale Kirche wachsen; aber eine kleine, eine demütige, eine bescheidene, eine Kirche, die wir miteinander sind und in der Sein Wort wohnt und in der Ort ist für die Menschen, die ortlosen und wortlosen Menschen heute.

Dann können wir es bezeugen: Das Wort ist Fleisch geworden, und wir haben seine Herrlichkeit gesehen.

Wie soll diese Welt leben, wenn sie nicht eins ist?

Jahresschlußgottesdienst am 31. Dezember 1992

Liebe Schwestern und Brüder!

Wir haben die letzten zwei oder drei Jahre die Talfahrt eines Wortes erlebt. Ein Wort, das vor zwei und drei Jahren ein großes Hoffnungszeichen war, ist heute ein großes Problem-, ja Enttäuschungszeichen geworden. Dieses Wort heißt "Einheit". Wir haben es nicht für möglich gehalten, daß wir eins werden in unserem Land. Und als dann der Kommunismus zusammenbrach in den großen Staaten und Systemen des Ostens, als dann kein Gegenstand der Spannung zwischen Ost und West mehr da war, da dachten wir, daß eine neue Zeit der Einheit auf uns zukomme. Aber daß dann, nachdem diese äußere Klammer der Macht und der Gewalt und der Ideologie zerbrochen war, alles das sich nicht mehr zusammenhalten ließ, sondern aufsprang und aufsprengte in die vielfältigen Scherben hinein, die nun sich gegenseitig schneiden und sich wehtun und die nicht absehen lassen, wie es weitergeht - wer hätte das gedacht?

Wer hätte gedacht, daß es so schwierig ist zwischen uns Deutschen, in einem Land zusammenzufinden, zu verzichten für den anderen und Hoffnungen zu mäßigen. Und wer hätte gedacht, daß es so irrsinnig schwierig ist zwischen den Ausländern und uns; was da alles wieder hochkommt. Wer hätte gedacht, daß es so schwierig ist zwischen Süd und Nord. Wer hätte gedacht, daß es immer noch nicht gelingt, jene Barrieren auf dem Weltmarkt abzubauen, die sozusagen Verelendung und Spannung vorprogrammieren. Und wer hätte gedacht, daß es so vieles gibt, bei dem wir die Lösung nicht kennen - und das nicht nur in der großen Politik, sondern auch in der Kirche. Spannungen, Gegensätze zwischen den Kirchen, Stagnation, wie viele sagen, des ökumenischen Gesprächs. Und in unseren Familien? Ist dort vielleicht Einheit? In unserem Leben, ist dort vielleicht Einheit? Das Wort Einheit ist mehr bedroht denn je und bleibt doch wichtiger denn je. Denn wie soll diese Welt leben, wenn sie nicht eins ist?

Wir haben den großen Zusammenbruch der ideologischen und gewalttätigen Einheit erlebt. Und dieses Jahrhundert, das sich dem Ende zuneigt, ist wohl davon geprägt, daß der Wahnsinn einer Ideologie der Rasse und der andere Wahnsinn der Ideologie einer Klasse eben nicht Einheit stiften können. Jetzt ist diese Ideologie der Klasse zusammengebrochen, und schon sind wieder die ersten Zeichen jener anderen Ideologie der Rasse da. Man darf es nicht überbewerten, aber so sehr die Hunderttausende von Lichtern der Lichterketten gegen Ausländerhaß ein Hoffnungszeichen sind, das anknüpft bei diesen anderen Lichtern, die damals 1989 im Oktober und November allenthalben im Osten brannten - so wenig wie diese Lichter damals schon alles lösten, was nachher sich ausgelöst hat, so wenig dürfen wir schon sicher sein, daß das überwunden sei, was in unseren Herzen und Geistern manchmal erschreckend aufbricht und da sich zeigt. Soll wirklich die Ideologie der Rasse und die Ideologie der Klasse die einzige Alternative sein in unserem Zeitalter, in unserem zu Ende gehenden Jahrtausend?

Aber da gibt es ja - so werden wir zu Recht einwenden - auch andere Modelle von Einheit. Wir sprechen von den Selbstregulierungskräften des Marktes und meinen dabei ebensowohl den Markt der Meinungen wie den Markt der Waren. Aber stimmt denn das? Natürlich, Gott sei Dank sind wir frei, Gott sei Dank haben wir einen Markt, Gott sei Dank können wir uns austauschen, Gott sei Dank sind wir nicht von außen her irgendwo geknebelt und ins Unrecht und in die Unfreiheit hineingestoßen. Aber einfach zu glauben, daß dies genüge, daß dies den Menschen eins und heil mache, das ist doch eine Utopie. Wie schnell haben eben scheinbare Sachgesetzlichkeiten doch das Recht des Stärkeren und dann die Ideologie des Stärkeren bei sich. Sehen wir das nicht auf Weltebene und spüren wir nicht auch, daß bei uns die Not der Schwächeren wächst? Wo liegt dann eine Alternative?

Können wir überhaupt Einheit herstellen? Kann es überhaupt Einheit in dieser Welt geben? Soll es sie geben?

Ja, es gibt die neue Ideologie, die Ideologie einer Postmoderne; beileibe nicht alle, die sich diesen Namen zulegen, sind von ihr im letzten geprägt, aber es gibt diese Ideologie: daß Einheit nicht sein darf, weil Einheit immer Gewalt, weil Einheit immer Vorherrschaft ist. Und da wird gesagt: Das Leben ist nun einmal nichts anderes als ein buntes Kaleidoskop sich wechselnder Möglichkeiten, sich anbietender Angebote, es gibt keinen Fortschritt, es gibt nur die Wiederkehr des ewig Gleichen, wir müssen einfach mitspielen, wir müssen uns über nichts wundern, und wir sind an nichts gebunden, sondern wir müssen einfach das Glasperlenspiel geschehen lassen und dabei schauen, daß es ein paar Regeln gibt, damit wir einander nicht zu nahe treten.

Aber stimmt denn das? Kann denn das gehen? Ist es nicht ein Zynismus, auf die Einheit verzichten zu wollen, wenn wir an die Verhungernden denken, wenn wir an jene denken, die keine Helfer haben, wenn wir an jene denken, die den kürzeren ziehen in der Weltgesellschaft, wenn wir an unsere Verantwortung für kommende Generationen denken, wenn wir doch wissen, daß wir nur miteinander die Ressourcen dieser Erde gebrauchen und nur gemeinsam an ihnen weiterbauen können, damit Zukunft möglich ist. Es geht nicht ohne Einheit; und wer meint, eine bloß formale technische Einheit genüge, der sieht nicht, welche oft gefährlichen und unabsehbaren

Ideologien in einer solchen scheinbar bloß funktionalen und technischen Einheit stecken. Man könnte ein Bild gewinnen, aber dieses Bild trägt sich eben nicht durch: daß die Welt nicht mehr eine Kugel ist, sondern daß diese Kugel zersprengt wird in lauter Einzelteile, die sich bewegen, selbständig, der Teil dahin, dieser Teil dorthin, und jeder für sich selbständig, es gäbe nur irgendeine Regulierung, daß man nicht zusammenstößt.

Ist das eine menschliche Welt? Ist das eine Welt, die weitergeht? Wie lange dauert es, bis auch wir sagen: Ich Unfreier, ich muß auf diesem Teil der Welt sein, ich will aber auf den anderen. Und wollte man sich wieder nähern, gäbe es wieder Abwehr und Krieg. Und dann ginge doch wieder alles von vorne los. Es geht also nicht ohne die Einheit!

Liebe Schwestern und Brüder, ich habe vor ein paar Tagen ein mich bewegendes Gespräch mit Bischöfen aus dem Osten Europas und dem Osten unseres Vaterlandes geführt. Bischöfe, die lange Zeit unter dem Kommunismus gelitten und die eine ganz andere Geschichte dort mitgemacht haben. Sie haben mir die Frage gestellt: "Welches ist denn das Zukunftsbild, das Weltbild auf Zukunft hin eines Westdeutschen, eines Westeuropäers?" Ich mußte sagen: "Ich weiß nicht, ob es das Weltbild des Westeuropäers, das Zukunftsbild des Westeuropäers gibt. Wir haben ganz viele Bilder. Wie aber diese Bilder so zusammenkommen können, daß wir eine Zukunft gestalten, das weiß ich nicht." Und ich habe des weiteren gesagt:

"Ich glaube, das kann es gar nicht geben, denn es fehlt uns die Einheit des Menschenbildes." Welche Vorstellung haben wir von unserem Leben? Was hält unser Leben zusammen?

Die meisten von uns haben schon die Idee einer Einheit. Die meisten von uns haben schon einen Codex von Werten, dem sie sich verpflichtet fühlen. Die meisten von uns haben schon Wahrheiten, die sie nicht aufgeben wollen. Aber ist das noch so selbstverständlich? Ist es nicht so, daß viele Menschen - und keineswegs nur böse und gewissenlose Menschen - sagen: Ja, soll ich mein ganzes Leben lang dasselbe tun? Soll ich in derselben Partnerschaft bleiben? Soll ich in derselben Lebensform bleiben? Soll ich im selben Beruf bleiben, soll ich in derselben Arbeit bleiben? Oder soll ich nicht eigentlich in dieser Tatsache, daß die ganze Welt mir offensteht, daß alles möglich ist, mich einfach einmal dieser und dann einmal einer anderen Möglichkeit bedienen? Und wenn innerlich die Uhr des einen abgelaufen ist, dieses Verhältnisses, dieser Beziehung, dieser Partnerschaft, dieser Ehe, dieser Familie, dieses Berufes, dieser Weltanschauung, dieser Lebensform, dann kann ich ja auch schließlich etwas anderes machen. Es scheint phantastisch zu sein, sich jeweils mit etwas zu identifizieren und dann die Freiheit und die Größe zu haben, nachher auch etwas anderes zu tun. Wer bin dann ich?

Verstehen Sie mich nicht falsch. Ich weiß, daß es ungemein schwierig ist, in einer Welt eine Lebensentscheidung durchzutragen, die nicht mehr ein gemeinsames Gefüge zur Grundlage hat, in das alle sich einfügen. Und es liegt mir ferne, einfach zu verurteilen, wo solches nicht gelingt. Aber - es ist doch ein unendlicher Unterschied, ob ich im Ringen um eine solche innere Einheit scheitere und an die Grenzen komme oder ob ich sage: Ich möchte das gar nicht mehr, ich will nur auf Probe mal dieses und mal jenes tun. Wer bin dann ich?

In unserer Welt gibt es ungezählte, immer größere, immer schockierendere Flüchtlingsströme. Menschen fliehen vor Menschen. Werden wir im beständigen Wechsel unserer Werte, im beständigen Wechsel unserer Lebensformen und Beziehungen nicht Flüchtlinge vor uns selbst? Fliehen wir nicht vor dieser Wucht, vor dieser Größe des Ich und wollen einfach diesem Ich entrinnen? Wir haben zu Recht Angst vor den Müllbergen, vor den ökologischen Abfallhalden, die uns ersticken und zu ersticken drohen. Wollen wir noch andere Abfallhalden dazu eröffnen, voll von zerbrochenen Lebensformen, ausgedienten Lebensentscheidungen, verlassenen Partnerschaften, verbrauchten Menschen? Sicher, es gibt diesen milden Müll: Man nimmt es sich nicht übel, man geht weg, und man probiert es wieder. Aber da geht doch jedesmal etwas kaputt. Da bleibt doch jedesmal etwas von uns zurück, da wird doch jedesmal die Kraft geringer, da wird doch jedesmal etwas auf die Seite geschoben. Und wer sind dann wir?

Einheit ist zuerst Einheit in uns. Wenn wir diese Einheit nicht schaffen, wie sollen wir dann die Einheit der Welt ermöglichen, die Einheit des Menschengeschlechtes? Erschrecken Sie bitte jetzt nicht, wenn ich zuerst eine scheinbar ganz abwegige Antwort auf diese Frage, die sich hier stellt, gebe: Es gibt so etwas wie eine radikal andere Lebensform als dieses postmoderne Sich-Versuchen. Und trotzdem ist sie so weit und so offen und so frei und so vielfältig, wie wir es uns nur erträumen können. Ich denke an eine Lebensform, für die kein anderer als der Apostel Paulus eine Formel gefunden hat. Er hat sie beschrieben als "sein Ideal". Er sagt uns, er wolle den Griechen wie ein Grieche, den Juden wie ein Jude, den Gesetzlosen wie ein Gesetzloser, denen unter dem Gesetz wie einer unter dem Gesetz und den Schwachen ein Schwacher werden. Er wolle allen alles werden! In diesem Ideal ist alles drin, alle Schattierungen des Menschseins: aber nicht zerbrechend, sondern eins. Warum will Paulus dies? Warum will er diese Lebensform - für alle alles werden, sich mit allen einsmachen, allen alles sein? Warum will er das? Weil er ergriffen ist von dem Einen, der dies wirklich getan hat und es wirklich gekonnt hat und der dies wirklich gemacht hat für uns und für die Menschheit. Dieser Eine, in dem allein die Welt wirklich eins ist. Der Eine, der Mensch geworden ist, weil er einfach so sein wollte wie wir. Der ein ganz konkretes Menschenleben gelebt hat für uns. Der darin aber nicht nur irgendein Menschenschicksal angenommen hat, sondern Deines und Ihres und meines, das der Fernsten und das der Nächsten, das der Ausländer und das der ganz anderen, das der Jungen und das der Alten, das der Glaubenden und das der Nichtglaubenden. Er hat sich mit allem dem einsgemacht bis ins Allerinnerste, er hat unser aller Leben mitgelebt in seiner Liebe, in der er zu uns kam und mit uns ging bis ins Gegenteil seiner eigenen Lebensform, bis in die Gottverlassenheit und bis in das Elend, bis in den Tod und den Schrei der Verzweiflung am Kreuz.

Er liebt uns unendlich. Und diese Liebe ist es, die zugleich vermag, alles in sich aufzunehmen, sich mit jedem eins zu machen, auf jeden einzugehen und dabei doch eins zu sein in sich. Da ist Treue, aber Treue ist immer neuer Aufbruch. Da ist Eingehen auf den anderen, aber ohne sich unverbindlich in seine Lebensform hineinzuverlieren. Da ist Partnerschaft, die immer neu wird, aber die keinen aufgibt. Da ist Leben, das in sich konsistent ist und doch immer ein Abenteuer bleibt, weil die Liebe immer ein Abenteuer ist. Ist nicht das die Lebensform in der einswerdenden Welt? Wir können uns nicht mehr schützen vor dem, was irgendwo in der Welt passiert. Es ist gut, daß wir auch diese Schreie der Solidarität wirklich mitschreien, indem wir alle jene, die in Not sind, uns zu eigen machen und sie begleiten. Wir sind unteilbar in ein Schicksal hineingestellt. Wir können das Schicksal nur durch Teilen, durch Teilen aller mit allen miteinander tragen. Ist das nicht eine ungeheuerliche Herausforderung, aber auch eine ungeheuerliche Freiheit, so zu leben? Haben wir nicht in der Liebe Christi zu uns eine neue Lebensform? Eine Lebensform, die uns eigentlich den Atem verschlagen kann, weil all die Not um die Einheit hier ihre Antwort findet: Wir sind eins! Hier findet die Sehnsucht nach der Vielfalt ihre Antwort. Und so sind wir tatsächlich hineingehalten in diese weltweite Kommunikation. Ich weiß auch, daß sich das schön anhört, und, wie herb und klein und nüchtern das im Alltag geschieht. Ich weiß, wie sehr ich da angefordert bin, wie sehr ein Bischof da angefordert ist und wie wenig er dem gerecht wird. Und doch, wenn ich mich auf diese Liebe einlasse im gegenwärtigen Augenblick, dann wird Leben neu möglich.

Das, liebe Schwestern und Brüder, war eigentlich das neue Bild der Kirche, welches uns das Zweite Vatikanische Konzil entworfen hat: Kirche als Keimzelle einer geeinten Menschheit, nicht als starrer erratischer Block, der nur einfach triumphal dasteht, sondern eben Kirche, die in aller Klarheit, in aller Einheit eben zugleich mit den Menschen geht, so wie es in jener Pastoralkonstitution über die Kirche in der Welt von heute heißt: daß Hoffnung und Freude, Trauer und Elend aller Menschen uns, denen, die die Kirche bilden, gehören. Wir sind gerufen, die Welt in ihrer Vielfalt, in ihren Nöten, in ihren Ausweglosigkeiten, in ihren Menschen, in ihren Freuden, in ihren Ängsten zu adoptieren. Wir sind gerufen, zu Gott zu gehen mit dem Herzen des Herrn, der sich öffnet für die Menschheit. Wir sind gerufen, kleine lebendige Zellen zu bilden, in denen diese Liebe Gottes lebt. Das ist nicht einfach ein Rezept, um die Welt neu zu machen, das ist nicht einfach ein Programm, daß es dann keine Spannungen mehr gibt. Aber es ist die Ermutigung, die Hoffnung und der Weg, daß es nicht nur eine Zukunft gibt, weil Gott uns nicht fallenläßt, sondern daß sein Wort in uns Gestalt gewinnt und daß wir gerade so die große Not unserer Zeit neu lösen können, die große Not um die Einheit, die Einheit in der Vielfalt, die Vielfalt in der Einheit.

Jesus hat das getan. Jesus hat uns im Herzen getragen. Aber er hat dabei immer auf den Einen, auf den Vater geschaut, der ihn gesandt hat und zu dem er uns zurückgetragen hat. Und er ist dabei immer auf jedem Schritt drinnengeblieben in der Liebe, in diesem Heiligen Geist, der hinhorcht auf den Vater und der sich schenkt und verschenkt an uns. Einssein wie Vater und Sohn eins sind im Geist, das ist die letzte Verheißung Jesu, das ist sein Testament: "Laß sie eins sein, wie du in mir bist und ich in dir bin" (vgl. Joh 17, 21), damit die Welt glaube, damit die Welt Zukunft habe.

Gemeinsam unterwegs, um auf unsere großen Fragen Gottes kleine Antwort zu finden

Fest der Erscheinung des Herrn 1993

Heilige Messe anläßlich des Neujahrsempfangs für die Mitarbeiterinnen und Mitarbeiter des Bischöflichen Generalvikariats

---

Liebe Schwestern und Brüder!

Normalerweise legt man die Volksfrömmigkeit aus mit der hohen Theologie. Heute möchte ich es umgekehrt machen, ich möchte einmal mit der Volksfrömmigkeit die Theologie auslegen. Ich möchte einfach mit Ihnen hinschauen, was wir damit verbinden, wenn wir Sterndeuter oder Sternsinger sehen, wenn die Dreikönige durch unsere Gassen und Straßen ziehen.

Was macht denn einen "heiligen Dreikönig", was macht denn einen Sternsinger aus? Vielleicht entdecken wir ja etwas, was auch uns ausmacht, was uns betrifft. Auf den ersten Blick gehören drei Dinge zu einem Sternsinger: der Stern, die Krone und die Kreide.

Ganz wichtig ist der Stern. Ohne den Stern wären die drei Könige nicht aufgebrochen. Ohne Stern wären auch wir ohne Weg. Und das ist gar nicht selbstverständlich, daß wir einem Stern folgen. Oft lassen wir uns einfach nur treiben durch irgendeinen Organisationsplan; aber was dahintersteckt, wissen wir nicht. Oft lassen wir uns nur verführen durch das, was greller ist und heller und was wie ein Stern scheint, aber es führt uns nirgendwo hin. Oft haben wir den Stern, aber wir schmücken uns mit ihm, wir heften ihn uns als Orden auf die Brust, statt daß wir uns von ihm leiten lassen. Oder wir haben ein System, und da steht der Stern ganz oben, aber immer an derselben Stelle, und wir bewegen uns nicht. Der Stern lädt uns ein zum Aufbruch, der Stern will uns einen Weg weisen. Der Stern will uns losketten von unserer Verfangenheit an uns selbst oder an ein bloßes System, er will uns zum Gehen bringen, zum Aufbruch, irgendwohin zu gehen, wo wir noch nicht waren. Das will der Stern. Und dieser Stern hat es an sich, daß er weiterzieht und daß er stehenbleibt. Er geht durch die Wüste hindurch in die Ferne hinein, aber er bleibt stehen über dem Haus. Und über welchem Haus bleibt er stehen? Er bleibt stehen beispielsweise über dem Generalvikariat oder meiner Schule oder meinem Büro oder dort, wo ich sonst meine Arbeitsstelle habe. Da bleibt der Stern stehen und sagt: "Da ist der Ort, hier!" Und wenn ich dann wieder heimkomme, dann bleibt er stehen über meinem Haus, über meiner kleinen Welt, da bleibt er stehen, dieser Stern. Bei mir soll ich den finden, auf den es ankommt. Aber ich finde Ihn, auf den es ankommt, nur bei mir, wenn ich entdecke: Der Stern bleibt auch stehen über dem Haus meines Nächsten. Dort soll ich Jesus finden. Soviel also zum Stern.

Jene, die dem Stern folgen, tragen die Krone. Sie tragen die Krone, nicht um sich großartig aufzuspielen, sondern um anzubeten, um sich zu beugen und um die Krone abzunehmen. Wir haben oft jene unsichtbare Krone auf, bei der wir andauernd nur aus der Angst leben, daß ein Zakken aus dieser Krone brechen könnte. Der große König, er hatte keine Angst, daß ein Zacken aus seiner Krone bricht; er ist klein geworden, er ist Kind geworden. Und die drei Könige, sie haben auch keine Angst gehabt, daß ein Zacken aus ihrer Krone bricht, wenn sie sich niederbeugen und auf die Knie fallen vor dem Kind. Herodes hatte Angst vor dem Abbrechen des Zackens aus der Krone. Tragen wir die Krone unserer Würde und glauben wir daran, daß wir geliebt sind, daß wir Könige sind. Aber gerade deswegen sind wir frei, nicht bei unserer Position, nicht bei unserer Herrlichkeit zu verharren, sondern uns auch einen Zacken aus der Krone brechen zu lassen, anzubeten, zu dienen, klein zu sein.

Neben dem Stern und der Krone ist auch die Kreide sehr wichtig. Ich weiß nicht, ob man nur in meiner Heimat, in Freiburg, diese Redewendung kennt: Man sagt dort, wenn ein anderer einen Fehler macht und man will es sich merken: "Ich kreide es ihm an." Was meint das eigentlich? Früher in den Gasthäusern hatte man große Schiefertafeln, und wenn einer nicht gleich bezahlen konnte, dann kreidete man es ihm an, es war aufgeschrieben, er mußte nachher seine Schuld begleichen. Ein solches Ankreiden gibt es auch in der Heiligen Schrift, und zwar im Römerbrief. Da sagt uns Paulus, daß wir niemand etwas schuldig bleiben sollen, daß also nie etwas uns angekreidet werden soll. Aber eines sind wir immer schuldig, eines wird uns immer angekreidet: die Liebe zueinander. Und deswegen ist es auch gut, daß die Dreikönige die Kreide haben, daß sie überall ein Zeichen der Liebe, ein Zeichen seines Segens über die Häuser schreiben: "Christus segne dieses Haus - Christus mansionem benedicat". Überall, wohin ich komme, bin ich dem anderen dieses schuldig und ist er mir dies schuldig: einander zu lieben. Als Christen können wir in kein Haus gehen, ohne ihm den Segen zu wünschen, ohne ihm ein Segen zu sein. Wenn wir überall Christus finden und Christus hintragen, dann wird heimlich überall, wenn ich über eine Schwelle gehe oder durch ein Tor schreite, dieses Zeichen mit der Kreide, dieses Zeichen der gegenseitigen Liebe sein.

Der Stern, die Krone, die Kreide - aber da fehlt noch etwas, da brauchen wir noch etwas anderes. Stellen Sie sich einmal vor, ein Dreikönig würde allein durch die Landschaft marschieren. Das wäre langweilig, und man würde sagen: "Der ist verrückt!" Schön und richtig und verstehbar wird es erst, wenn man miteinander geht. Wir gehören zusammen, nie einer allein. Jesus hat schon seine Jünger nur zu zweit geschickt. Und weil wir es noch nötiger haben, schickt er uns halt zu dreien. Und wir sind immer diese drei, auch wenn es hundert oder tausend sind, es sind die drei Könige. Diejenigen, die ihn finden, die gehören zusammen; das ist ganz entscheidend. Wir gehen miteinander. Ich gehe meinen Weg, ich schaue auf meinen Stern, aber ich gehe mit dem anderen diesem Stern nach, der ja auch sein Stern ist. Nur miteinander sind wir Zeugen dessen, der das Miteinander gebracht hat.

Und noch etwas ist notwendig, ein Fünftes von sechs Dingen, nämlich der Ruß. Was wären die Dreikönige, wenn nicht einer von ihnen der Mohr wäre. Und ich glaube, daß gerade heute das sehr wichtig ist. Wir können nicht nur in einer Rasse, wir können nicht nur in einer Hautfarbe unterwegs sein. Wir können nicht sagen: Die anderen gehen uns nichts an. Nein, sie gehören mit ins Team der Dreikönige, sie sind mit dabei. Die andere Farbe, sie gehört dazu, die Farbe des Ausländers. Wir sind eine verschworene Schicksalsgemeinschaft um des Kindes willen. Und ich finde es auch schön, daß wir uns selber schwarz anmalen. So wird deutlich, ich ziehe dich an, ich will so sein wie du, ich trage dein Schicksal. Ich bin nicht verschämt, sondern stolz, daß ich der Mohr bin, daß ich der andere bin. Wie gut wäre das, wenn es so in unserer Geschichte, in unserer Gegenwart wäre!

Entgegen dem, was man normalerweise der Kirche nachsagt, daß sie nämlich an erster Stelle an jenes denken würde, denke ich erst an sechster Stelle an etwas, was noch fehlt, nämlich an die Sparbüchse oder den Gabensack. Der gehört auch dazu. Denn wir können nicht leben, wenn wir nicht Bettler sind, die sich beschenken lassen; und wir können nicht leben, wenn wir nicht Menschen sind, die Gaben haben, die sie nicht für sich selber haben, sondern für die anderen.

Und so wünsche ich uns, daß wir wie die heiligen Dreikönige von den anderen und für die anderen und mit den anderen leben: mit der Krone, mit dem Stern, mit der Kreide, mit den anderen, mit dem Ruß des Fremden, mit dem Gaben- und Bettelsack. Und so werden wir das eine und letzte und entscheidende siebte Geschenk erhalten: das Kind.

Darum geht es, daß wir uns niederbeugen vor dem Kind, daß wir mit unserer großen Reise zum kleinen Kind finden, und daß wir so auf unsere großen Fragen die kleine Antwort Gottes finden. Das wünsche ich uns vor allem, daß wir auf unsere großen Sehnsüchte und großen Fragen die kleine Antwort Gottes finden: die kleine Antwort, die er uns in diesem Kind jeden Tag und überall gibt. Wir werden auch als kirchliche Verwaltung und als Bistum vielleicht nichts Großartiges leisten. Aber Gottes kleine Antwort auf die großen Fragen, das wünsche ich uns. Und so werden wir miteinander unterwegs sein unter dem Stern.

Die Zeichen des Heils sind stärker als die Zahlen des Unheils

Weihe der heiligen Öle am Gründonnerstag 1993 in Gegenwart des Aachener Presbyteriums

---

Liebe Schwestern und Brüder!

Die Zeichen des Heils sind stärker als die Zahlen des Unheils.

Warum beginne ich die Predigt in diesem Gottesdienst heute mit diesem Satz? Ich muß damit rechnen, wenn ich in der nächsten Woche dem oder jenem der Priester oder Diakone begegne, daß ich nicht nur in fröhliche Gesichter schaue. Und warum? Viele werden leiden an diesen kommenden Tagen unter einem Zuviel oder unter einem Zuwenig. Unter einem Zuviel an Gottesdiensten, die da und dort zu halten sind, an Ansprüchen, die da und dort zu erfüllen sind, an zu Leistendem, was da und dort so einfordert, daß nachher eigentlich das, was innerster Ausdruck unseres Lebens, unserer Seele sein soll, mehr nur wie eine formale Pflichterfüllung erscheint, in der nichts mehr von der Osterfreude überkommt. Dieser Erschöpfung begegne ich immer nach Feiertagen bei Priestern und Diakonen, gerade auch bei solchen, die ihren

Dienst sehr, sehr ernst nehmen. Und mit dieser Unheilszahl des Zuviel geht Hand in Hand die andere des Zuwenig. Sind es wieder weniger geworden, die an Ostern gekommen sind? Sind wieder weniger zur Beichte gegangen? Sind wieder weniger da, die bereit sind, einen Dienst zu tun? Ist das kleine Häufchen weiter zusammengeschrumpft? Wie steht es mit den Zahlen? Und was sich bei Ihnen im Kleinen an diesen Erfahrungen mit den Ostergottesdiensten ausprägt, das finden wir auch im Großen. Die Zahlen in der Kirche, aber auch die Zahlen in der Gesellschaft scheinen Unheilszahlen zu sein.

Ich weiß, daß ich es in manchem - ich sage: in manchem - besser und leichter habe als ein Pastor. Ich glaube aber, daß ich genügend Kontakt habe und Erfahrung, um ermessen zu können, was los ist. Ich bin also nicht ahnungslos, wenn ich dem allem ein anderes Wort entgegenstelle. Obwohl ich das alles sehe, bekomme ich es dennoch nicht fertig, resigniert zu sein. Ich kann das einfach nicht. Und warum? Nicht weil ich andere Zahlenspiele aufmache, nicht weil ich mich flüchte in die Dritte Welt, wo es ganz anders aussieht. Sicher ist es tröstlich, wenn man da irgendwo in Lateinamerika sieht, wie Gemeinden aufbrechen, wenn man Zahlen von Berufungen auch zum zölibatären Priestertum, etwa in Korea, sieht. Aber ich mag das nicht aufrechnen gegeneinander. Nicht die Zahlen geben mir Hoffnung. Es gibt mir einfach Hoffnung, was in diesen Zeichen des Heils, die wir jetzt feiern, enthalten ist. Das ist stärker. Die Zeichen des Heils sind stärker als die Zahlen des Unheils.

Nehmen wir doch allein nur, was wir an diesem Gründonnerstag feiern. Nehmen wir das, was sich in der Urgemeinde niedergeschlagen hat und was sich als Erinnerung bewahrt und sich als Wort verdichtet hat, von diesem einen Tag. Es genügt der Gründonnerstag, um nicht zu verzweifeln in alle Ewigkeit: Da, am Gründonnerstag, den Sohn Gottes sehen, der uns die Füße wäscht, der absteigt in unseren Staub, der der Diener aller wird. Da ihn reden hören von jener Liebe des Vaters, die uns zu seinen Freunden macht. Da das eine Notwendige hören, auf das es in allem anderen ankommt. "Liebt einander, wie ich euch geliebt habe" (Joh 13, 34). Da hören, was er vom Vater erbittet: daß inmitten dieser zerrissenen Menschheit Einheit werden möge. Da hören, wie er kommt und uns an sein Herz zieht. Da Eucharistie erleben, Hingabe, in der er alles, was er hat und was er ist, uns hingibt, und alles, was wir sind, annimmt, dies allein. Da auch erfahren, daß seine engsten Freunde, die ja seine ersten Zeugen und Verkünder sind, so versagt haben wie dieser Petrus, der ihn verleugnet hat, wie diese Jünger, die davongelaufen sind. Und da auch erleben, daß auch er selbst es sich zugemutet hat, in unsere Ängste und Einsamkeiten einzusteigen.

Wenn irgend etwas vom Gründonnerstagsgeschehen wahr ist - und ich glaube, es ist wahr -, dann können wir nicht verzweifeln. Die Zeichen des Heils sind stärker. Wir müssen es uns einfach sagen. Und wenn wir es uns sagen, dann wird gegenseitig etwas wie Mut und Hoffnung zwischen uns wachsen. Gott hat uns umgeben mit seinen Zeichen des Heils: Was sind die Sakramente, was ist die Liturgie? Was ist das, was wir hier in der Weihe der Öle vorbereiten? Was ist das, was da geschieht überall in den Gemeinden? Es sind die Zeichen des Heils, die unser Leben umgeben. Gott greift nach den banalen Zeichen unseres Lebens, nach Brot und Wein, nach Wasser und Öl, und darin schenkt er uns all das, was damals ein für allemal geschehen ist, so daß auch wir aus diesen Zeichen leben können.

Wir sind umstellt von den Zeichen des Heils. Aber wir können diese Zeichen des Heils nur glaubhaft bekennen, wenn wir uns gegenseitig Zeichen des Heiles werden: Das Stückchen Hoffnung, das Sie haben, das bißchen Öl, das Sie in Ihrem Krug haben, schütten Sie es aus, geben Sie es Ihrem Nächsten, geben Sie ihm dieses kleine Zeichen der Hoffnung, und er wird davon leben können, und Sie dazu.

Ich sage dies gerade in diesem Jahr, an diesem Gründonnerstag im Blick auf die Heiligtumsfahrten unseres Bistums. Und diese Heiligtumsfahrten sind für mich nicht irgendwelche alten Zöpfe, die man auch abschneiden könnte, sondern sie zeigen in einer unmittelbaren und bildkräftigen Weise das, worauf es in allem dem, was ich gesagt habe, ankommt. Es sind Zeichen unserer Welt, Stücke unserer Welt. Da ist die Banalität unseres Alltags, da ist der Schweißgeruch und da ist das Blut, da ist die Brüchigkeit und Vergänglichkeit des Materials, da ist der Alltag mit all seinen Funktionen mit drinnen in diesen Zeichen. Aber in ihnen zeichnet der sich uns vor, der alles das angenommen hat, um ganz, ganz nah bei uns zu sein. Nehmen wir Ihn, der diesen Weg gemacht hat für uns, als den Weg, der unser Weg ist, um in den kleinen und alltäglichen Erfahrungen diese Liebe zu buchstabieren, diese Liebe zu lernen, an diese Liebe zu glauben, diese Liebe zu wiederholen, diese Liebe sich zum Wesens- und Lebensmaß zu machen. Dem anderen die Füße waschen. Sich gegenseitig lieben. Miteinander Eucharistie feiern. Unsere Armut und Armseligkeit annehmen und Ihm weitergeben.

Wenn wir das tun, was dieser Gründonnerstag uns sagt, dann kann von innen her Leben verwandelt werden. In der Welt von damals war das große Heilsgeschehen im Abendmahlssaal und auf Golgota so leise und klein, ja so minimal, daß niemand etwas davon hörte - und doch war es das Heil. Wenn wir uns darauf einlassen, wenn wir aus diesen leisen und kleinen Zeichen leben, dann ist alles andere eine "quantité négligeable", eine zu vernachlässigende Winzigkeit. Der Gründonnerstag hilft uns zu verstehen: Die Zeichen des Heils sind stärker als die Zahlen des Unheils.

Der Gott, der sich in unsere Hände legt

Abendmahlsamt am Gründonnerstag 1993

Liebe Schwestern und Brüder!

Seit Menschen leben, suchen sie nach Gott. Es mag oft genug anders aussehen. Aber im Grunde kann der Mensch nicht leben, ohne zu verehren, was unendlich größer ist als er; ohne sich an dem zu orientieren, was ihn übersteigt; ohne von dem sich zu empfangen, der allein den Menschen aus dem Nichts zu schaffen und ihm sich selber anzuvertrauen vermag. Der Mensch sucht nach Gott. Und im Grunde können wir Geschichte nicht ganz und nicht redlich lesen, wenn wir nicht in all ihren Zeilen auch Religionsgeschichte lesen. Aber diese Vielfalt der Formen, diese oft schreckliche Verirrung und Verwirrung in Formen, diese Armseligkeit, dieses Rührende, dieses Große und dieses doch Scheiternde - es zeigt, der Mensch aus sich vermag das nicht, was doch sein Innerstes ist, sein Auslangen nach dem je größeren Gott.

Was ist das Neue an christlicher Gottesverehrung? In ihrer Mitte steht das, was uns der heutige Abend schenkt: die Eucharistie. Sie ist Kult, sie ist Anbetung Gottes, sie wendet sich an den, der größer ist. Sie ist der Gott, der sich in unsere Hände legt, sie ist derjenige, der sich selber hingibt, sie ist der, der uns ins je Größere zum Vater emporführt. Sie ist, wie eben menschliche Religion ist: Verehrung, Anbetung, Kult.

Und doch ist Eucharistie ganz anders. Die Initiative liegt nicht beim Menschen, der sich übersteigen will, sondern bei Gott, der den Himmel durchbricht und in den Staub steigt. Die Initiative ist nicht die des Emporgehens, sondern des Abstiegs. Und wenn die Jünger in Jesus den großen und mächtigen Gott oben sehen, finden sie ihn nicht. Sie müssen ganz zum Boden sich bücken, sie müssen hinunterschauen in den Staub; dort ist Jesus, der den Seinen die Füße wäscht. Hingabe, Erniedrigung, Dienst, Ernstnehmen der Banalität menschlicher Bedürfnisse, Kleinwerden, Verzicht, Härte des Sich-Verausgabens, Unscheinbarsein, Verborgensein, alles das, was nicht mit göttlichem Glanz zu tun hat, ist der Glanz des wahren Gottes, ist der innerste Inhalt unserer Gottesverehrung, ist Eucharistie. Aus diesem Grund spricht der Evangelist Johannes zwar von der Eucharistie in seinem großen Kapitel vom Lebensbrot, aber er erzählt eben nicht die Einsetzung des Altarsakramentes, sondern stattdessen die Fußwaschung. Wenn wir nachher die Fußwaschung hier im Zeichen erleben, dann sehen wir, was im Grunde der deutende Finger Gottes ist auf das, was wir in der Eucharistie feiern. Wir können Eucharistie nicht verstehen in ihrer Tiefe, wenn wir sie nicht lesen von der Fußwaschung her. Und das heißt: Der Überstieg des Menschen zu Gott, die Anbetung Gottes ist das Annehmen und Wahrnehmen des Abstieges Gottes und die Bereitschaft, diesen Abstieg mit ihm zu wagen und zu tun.

Christliche Gottesverehrung hat ihren Ernstfall in unserem Alltag, in unserem Ernstfall am Boden, dort, wo Schweiß und Blut sind. Christliche Gottesverehrung hat ihren Schwerpunkt dort, wo wir zum Dienen gerufen sind. Dies ist nicht ein Horizontalismus, der die Anbetung wegwischt. Alles eher als dies. Aber der Ernst der Anbetung ist der Dienst, die Vollendung der Anbetung ist die Liebe. Denn wen beten wir an? Nur den einen Gott, der die Liebe ist. Wir kennen keinen anderen. Und wenn er die Liebe ist, dann kann er nicht angebetet werden ohne die Liebe, dann ist die Liebe eben das Erkennungssiegel dessen, daß hier wirklich dieser Gott mit im Spiel ist. Wenn Gott uns gezeigt hat, daß er die Liebe ist, dann ist Gottesverehrung Abstieg in den Dienst, in die Liebe, die sich verschenkt und verausgabt.

Und ein Zweites gehört hinzu. Natürlich ist Sinn der Gottesverehrung unsere Vereinigung mit Gott. Und wir vergessen das viel zu sehr, wir haben so oft nur eine Art gesellschaftlichen Stils, in dem wir Eucharistie als etwas Dazugehöriges mit ihren Formen, die sich entfalten, feiern. Wir vergessen dabei, daß hier wirklich ich gemeint bin, ich ganz persönlich, ich in meinem Innersten, ich in meiner Einmaligkeit. Er will sich mit mir vereinigen. So wenig Eucharistie nur privat ist, so problematisch ist es, wenn wir dieses Persönliche, diese ganz persönliche Begegnung mit Jesus herausstreichen. Sie gehört absolut hinzu.

Aber diese persönliche Vereinigung mit Gott erfahren und erleben wir in der Gemeinschaft, die wir miteinander halten. Aufstieg zu Gott ist Abstieg zueinander, Abstieg in den gegenseitigen Dienst, in die gegenseitige Liebe. Deswegen fügt Jesus an diese große Lektion der Fußwaschung das Neue Gebot an; deswegen sagt er uns, daß wir als seine Jünger daran zu erkennen sind, daß wir einander lieben, wie er uns geliebt hat. Und wie er uns geliebt hat, das heißt: bis zum Tod am Kreuz. Dieses Füreinander-das-Leben-Einsetzen, dieses Wissen, der andere und die andere sind des Blutes Gottes wert - und wie sollten sie nicht meines Lebens, meines Dienstes, meines Blutes wert sein -, diese Erkenntnis ist ganz zentral, damit wir christliche Gottesverehrung verstehen. Und ihr Ziel ist deswegen, daß wir eins werden miteinander; auch dies ist ein großes Vermächtnis des Gründonnerstagabends, das Gebet Jesu um die Einheit.

Eins werden miteinander, damit die Welt glaube. Aber wie eben eins? Wie der Vater und der Sohn und der Heilige Geist eins sind. Gott selber ist Liebe, Gott selber ist gegenseitiges Sich-Entäußern und Sich-Verschenken. Gott selber ist Hingabe. Gott selber ist diese lebendige Gemeinschaft in sich; und deswegen kann er nur in jenem Kult aufstrahlen, der Gemeinschaft ist, in jenem Kult, in dem ich ganz persönlich drinnen bin, ganz persönlich mich diesem Gott ausliefere und von ihm beschenken lasse, aber ausliefere und beschenken lasse, indem ich diene, indem ich eins bin mit dir und dich annehme. Wir haben es notwendig, daß uns die Füße gewaschen werden, daß wir rein werden: rein von unserem Ich allein, rein von unserem Zug nur nach oben, rein von unserer Selbstgenügsamkeit. Wir müssen es immer neu und dürfen es immer neu entdecken, wie ungeheuerlich diese Sicht der Eucharistie ist; wir begegnen dem großen Gott am Boden, wir begegnen ihm in der Not unseres Nächsten, und wir begegnen dem großen Gott in unserer Mitte, in unserer Gemeinschaft.

Liebe Schwestern und Brüder, das gilt immer. Aber es gilt ganz besonders in diesem Jahr der Heiligtumsfahrten. In ungefähr derselben Zeit, im 14. Jahrhundert, ist nach Vorarbeiten und Vorbereitungen des 13. Jahrhunderts das Fronleichnamsfest eingesetzt worden und die Fronleichnamsprozession zu einem allgemeinen Brauch geworden. Eucharistie, weit weggerückt vom Menschen, sollte wieder in die Nähe des Menschen kommen. Er sollte wieder diese Nähe spüren und er wollte diese Nähe spüren. Und im selben 14. Jahrhundert fängt die Tradition der alle sieben Jahre stattfindenden Heiligtumsfahrten an. Auch hier diese Sehnsucht nach Nähe. Der Gott, der groß ist und unausdenklich, er will uns begegnen in den armen Zeichen seines Menschseins. Dieses Uns-Einlassen auf den großen Gott, der ganz klein wird, dieses Annehmen des göttlichen Alltags und der göttlichen Niedrigkeit in jenen Zeichen seines Lebens, das ist es, worum es geht. Wir verehren das Linnentuch der Fußwaschung in Kornelimünster, wir verehren das Tischtuch des Abendmahls in Mönchengladbach, wir verehren hier in Aachen das Lendentuch Jesu, der sich für uns dargebracht hat und den wir in der Eucharistie als den Geopferten empfangen. Das soll nicht Folklore werden, sondern uns Mut zum Aufbruch machen, um den großen Gott im Kleinen, im Alltäglichen, in unserem Leben und in dem des Nächsten, in unserer Mitte zu finden.

Unsere Gotteswunde - seine Menschenwunde

Karfreitag 1993

Liebe Schwestern und Brüder!

Gestern sagte jemand zu mir: Ich habe Liebeskummer um diesen Gott. Ich kann von ihm leben, ich sehe, wie wirklich er ist. Aber wie kann ich es den anderen, die mir nahe sind, überbringen? Warum macht er es uns so schwer? Nicht nur die Kirche macht es uns so schwer, sondern er selbst macht es uns schwer, so von ihm zu sprechen, so von ihm Zeugnis zu geben, daß wirklich diese Wahrheit, an die wir glauben, nicht nur dasteht wie etwas völlig Fremdes und Fernes. Er wollte doch, daß alle glauben können! Dennoch läßt Gott denen, die ihn lieben, eine Wunde, weil sie ihn nicht bezeugen können. Er läßt denen, die an ihn glauben, eine Wunde, weil sie ihn nicht verstehen können, weil sie auch keine Antwort haben auf die Fragen, die sich über ihn stellen. Warum läßt er das alles so zu? Warum geht er diesen merkwürdigen Weg mit uns in unserer Geschichte? Warum verhüllt er seine Allmacht? Warum können wir nicht leben ohne ihn und nicht durchstoßen zu ihm? Warum können wir nur so von ihm sprechen, daß es zu banal ist für die viel komplizierteren Fragen, für diese abgründigen Fragen, die uns aufgegeben sind? Oder warum sprechen wir dann so schwierig und umständlich von ihm, wo es doch ums Einfache, ums Ganze, ums Wirkliche geht? Diese und viele, viele andere Spannungen tun sich dem auf, der mit Gott leben will. Und das ist manchmal und ist heute oft so schwer.

Der Mensch heute hat eine "Gotteswunde". Wenn er sie zukleistert, dann hat er nicht die Wirklichkeit seines Daseins erreicht. Wenn er sich billige Lösungen macht, dann hat er nicht die Größe Gottes erreicht. Wie kann die Gotteswunde im Menschen heilen? Ich habe mitunter die große Sorge und den großen Verdacht, daß viele, die vielleicht noch vor Jahren und Jahrzehnten mit dieser Gotteswunde gelebt haben, ihrer müde geworden sind und nun einfach probieren, ob Leben nicht auch so geht. Das ist nicht sofort eine Leugnung Gottes, aber man lebt so an ihm vorbei, weil es so furchtbar belastend ist, mit diesem Gott zu leben; weil es so schwer ist, mit seinem Willen zu ringen; weil uns das so bedrückt, mit ihm zu gehen. Was sollen wir tun?

Wenn diese Gotteswunde vernarbt, wenn wir sagen, es geht auch ohne ihn, haben wir dann nicht insgeheim doch fremden Göttern Tür und Tor geöffnet oder gar schon geopfert? Gibt es nicht unweigerlich Letztes, Größtes, Höchstes, an dem wir uns orientieren? Und wenn es nicht der lebendige Gott ist, dann sind es die selbstgemachten Götter. Oder geht das wirklich so planlos und ziellos in postmoderner Jeweiligkeit, von einem Stuhl zum andern sich zu setzen, vom einen Schritt zum anderen zu gehen und dann einmal zu schauen, wo man halt am Ende herauskommt? Das ist doch kein Leben.

Wie antwortet Gott darauf? Er zeigt nicht einen Weg, er sagt nicht einen Weg, er ist in Jesus Christus der Weg. Und es gibt keinen anderen Weg, als diesen Weg zu gehen. Wenn wir uns aber auf ihn einlassen, dann werden wir das, was wir bislang gesehen haben, erweitern müssen. Dann genügt nicht mehr der Satz, daß das Innerste des Menschen die Gotteswunde sei; sondern wir müssen den anderen Satz hinzufügen, daß das Innerste Gottes die Menschenwunde ist. Schauen wir auf diesen Gott. Er ist nicht ein Mechaniker, er ist nicht ein Konstrukteur, er ist nicht einer, der mit seiner Allmacht etwas ablaufen läßt, was dann unfehlbar in ein Ende hineinkommt. Er ist - das sage ich zitternd, das sage ich im Widerspruch gegen all die vielen anderen Erfahrungen - Liebe. Er wollte ein Wesen erschaffen, das er ganz und gar liebt, das er aber deswegen, weil er es ganz und gar liebt, freigibt an sich. Der Mensch ist Gottes Bild, aber als geschaffenes Gottesbild ist er auch Gottes Risiko. Er hat ihn freigegeben, er hat uns freigegeben, und wir sind so gegangen, wie wir gegangen sind. Und so sind wir seine Wunde geworden. Er hat diese grenzenlose Liebe, die ihn dazu treibt, daß wir seine Wunde werden. Er hat nicht Antworten gegeben, er hat alle diese Fragen, er hat alle diese Nöte, er hat alle diese Wunden in unserem Innersten sich zu eigen gemacht in seinem Sohn am Kreuz. In ihm ist er einfach unser Bruder geworden und nicht nur als Helfender neben uns hergegangen, sondern er ist in uns eingestiegen, in unser Herz, in unsere Wunde. So hat er die Menschenwunde sich zu eigen gemacht und so ist die Gotteswunde, die im Menschen brennt, in diesem Menschen Jesus von Nazaret zur Wunde Gottes geworden. Und wenn er sagt: "Ich bin der Weg", dann können wir nirgendwo anders hinschauen als auf seine geöffnete Seite, als in seine Wunde, und gerade dort den Weg finden. Das ist gar nicht einfach und schon gar nicht selbstverständlich. Aber wenn wir es so probieren, ertasten, wagen, versuchen, dann werden wir erkennen, daß er der Weg ist.

Etwas davon habe ich gespürt bei einem Ereignis, das für mich immer mit dem Karfreitag verbunden sein wird. Es war während der letzten Heiligtumsfahrt vor sieben Jahren. Ich hatte hier im Dom bei der Zeigung der Heiligtümer das Lendentuch Jesu zu tragen. Und da hat es mich überkommen und überfallen: Du hast nur noch so ein Tuch besessen, du hast alles andere weggegeben, du bist so arm geworden. Du hast einfach nichts anderes mehr gehabt als diese Wunde, die dir Gott ist. Der Gott, der dich verlassen hat, und der Mensch, dessen Verlassenheit du teilst, das war alles. Aber darin hast du jene große Liebe berührt, die mich leben läßt, die uns leben läßt.

Liebe Schwestern und Brüder, ich habe an diesem Karfreitag vor den Heiligtumsfahrten eine zweifache Bitte an Sie. Gehen Sie in Ihr Leben hinein, besinnen Sie sich und suchen Sie, wo da in Ihrem Leben die vielleicht verschüttete Gotteswunde ist. Nehmen Sie die Wunde, das, was Ihnen persönlich weh tut, wo Sie nicht zurechtkommen mit diesem Gott, nehmen Sie es, bringen Sie es zu ihm. Und schauen Sie in aller Nüchternheit und in aller Hoffnung und in aller Zuversicht, wo Sie, Sie persönlich die Wunde dieses liebenden Gottes sind. Und kehren Sie um zu ihm, denn durch seine Wunden sind wir geheilt.

Vom Tod befreit - in der Begegnung mit Ihm und miteinander

Feier der Osternacht 1993

Liebe Schwestern und Brüder!

Ich weiß nicht, ob es das noch einmal bei irgendeinem Fest oder Kult auf Erden gibt, was wir in der Osternacht feiern, schon rein äußerlich, schon rein ästhetisch betrachtet. In der Osternachtsfeier ist alles da, sie umfaßt das Ganze, wenn auch in der Sprache einer alten Welt, die mich jedoch immer und immer neu bewegt. In dieser Feier wird alles gesagt und alles zusammengesehen: Die ganze Schöpfung und die ganze Menschheitsgeschichte wird neu gesehen in Jesus Christus. Hier ist alles in einem, und alles ist drinnen. Aber sind auch wir drinnen? Bin ich drinnen?

Lassen Sie mich mit Ihnen ein wenig darüber nachdenken. Ich fange bei etwas an, das uns nicht so unmittelbar berührt und manchmal sogar Probleme macht, bei der Geschichte vom Auszug Israels aus Ägypten durch das Rote Meer. Worauf kommt es da an? Warum ist das die Urgeschichte von Ostern? Warum hat Jesus dahinein seine eigene Ostergeschichte gebettet? Warum hat Gott keinen anderen Gedenktag im Jahr, im ganzen Gefüge der Feste gefunden als gerade dieses Ereignis, das jedes Jahr gefeiert wurde?

Der Zug durch das Rote Meer ist eine Urgeschichte von der Befreiung des Menschen, vom Menschen, der äußerlich gesehen alles Mögliche hat. Er lebt in der Sattheit, aber er hat nicht die Freiheit. Er kann die Sklaverei des bloßen Auskommens nicht mehr ertragen, er will weg, er muß weg. Aber der Weg in die Freiheit ist ihm und seinen Möglichkeiten versperrt. Heute wie damals beginnt die Freiheitsgeschichte damit, daß Gott ruft. Und das Volk damals bricht auf, aber es läuft wie an eine Mauer, es läuft ans Ende, es läuft dorthin, wo es absolut nicht weitergeht: ins Meer. Da ist kein Weg. Aber der es gerufen hat, Jahwe, sagt: "Ich bin der Weg." Auf dem Weg, der Er ist, öffnet sich das Meer, und im Tun des Wahnwitzigen auf Sein Wort hin eröffnet sich neue Zukunft. Freiheit heißt hier eben nicht, daß alle Wege offenstehen. Freiheit geschieht da, wo das Volk im Ende über das Ende hinauswächst, weil es sich dem anheimgibt, der es trägt und eben so befreit.

Das greift Jesus auf; und was damals geschehen war mit dem Volk Israel, das geschieht jetzt mit uns, mit jedem einzelnen von uns. Es geschieht mit uns in einer ganz neuen Dichte und Lebendigkeit. Von dieser Nacht an ist der Tod als die äußerste Unfreiheit, als die äußerste Bedrohung des Menschen keine Sackgasse mehr. Wir rennen nicht gegen eine Mauer, wir rennen nicht in einen

Abgrund, wir gehen nicht irgendwohin, wo wir entweder versanden oder wo wir verschlungen werden oder wo wir abprallen oder wo wir zerschmettert werden oder wo Schluß ist. Sondern die Nacht und unser Tod sind anders. Nicht in dem Sinn, daß wir, wie das heute so schick ist, sagen: Ich glaube nicht an den lebendigen Gott, aber ich glaube natürlich, daß es parapsychologische Phänomene gibt und daß es auch mit meinem Tod nicht zu Ende sein wird. Es ist nicht so gemeint, daß wir da einfach auf eine andere Bahn der Wirklichkeit gehen, daß wir sozusagen von unserer bekannten Autobahn des Lebens durch eine Ausfahrt auf eine andere kommen, oder daß wir in einen Kreislauf hineinfallen, in dem wir selber irgendwo immer wieder einmal auftauchen in diesem Wechsel und in diesem Kommen und Gehen, oder daß wir in einen endlosen Weg hineingehen, in dem wir uns immer mehr läutern und immer anderes erleben und uns dann doch irgendwo verlieren in diesem unendlichen Weitergehen. So ist es nicht. Sondern wir mit unserem Gerufensein, wir mit unserer Verantwortung, wir mit diesem bebenden Einmal unseres Herzens - wir sind gerufen in diesen Tod. Und da ist kein Weg, aber da ist einer, der mir sagt: "Ich bin der Weg!" Tod wird Begegnung. Begegnung mit einem, der meinen Tod gestorben ist. Begegnung mit einem, der meine Angst durchlitten hat. Begegnung mit einem, der meine Gottverlassenheit in den Vater hineingeschrieen hat. Begegnung mit einem, der sich alles das zu eigen gemacht hat. Begegnung mit Ihm. Er tritt an Ostern als der Begegnende in dieses Loch des Todes, in diesen Abgrund des Endes, in diese Dramatik der Schuld, in dieses Nichts. Er tritt da hinein und sagt: "Ich bin da. Ich bin der Weg." Er begegnet mir. Und zu ihm hin dürfen wir aufbrechen. Und deswegen, weil das so ist, haben wir im Grunde den Tod schon hinter uns. Unser Tod ist schon gestorben in Ihm. Das heißt nicht, daß der Tod eine einfache Sache wird; das heißt nicht, daß das harmlos wird. Aber im Grunde sind wir in Ihm jetzt schon in Gott.

Aber da ist noch eine offene Frage. Wir könnten einwenden: Na gut, wir sind getauft in die Begegnung mit Ihm; gut, wir haben als Getaufte den Tod hinter uns, und wir sind schon jetzt Partner seines neuen Lebens; gut, wir dürfen jetzt schon Ostern feiern; gut, wir dürfen sagen: Er ist auferstanden, er hört uns, er ist in unserer Mitte! Aber mein Sterben kommt ja doch noch. Und so stecken wir irgendwo in einer ganz großen Not dazwischen. Der Kommende ist noch weit weg. Der Gekommene ist nicht mehr nah. Wir sind getauft auf seinen Tod und mit ihm zum neuen Leben auferweckt. Aber diese Wirklichkeit der Taufe ist vergilbt, sie verrinnt, sie versandet. Der Tod steht neu und fremd vor uns. Wie damit leben?

Nun, da gibt mir die Geschichte Israels, die Geschichte des Exodus eine Antwort. Mit unserer Frage ist es nicht mehr so rätselhaft, warum uns in der Schrift nach dem Durchzug durch das Rote Meer von dem 40jährigen Zug durch die Wüste berichtet wird. Dieser einmal gefaßte kühne Glaube wird in eine ungeheuerliche Bewährung hineingestellt. Und so einsam in der Wüste umherirrend, fragt das Volk: Warum sind wir nicht dort gestorben bei den Fleischtöpfen Ägyptens? Warum hier in Freiheit, aber ohne diese Sicherheit und ohne diese Geborgenheit? Und da fragt Israel: Warum soll ich dies leben? Ist es überhaupt sicher, daß er mich retten kann? Ist es überhaupt sicher, daß er mich retten will? Und da fragt dieses Israel: Gibt es überhaupt dieses Gelobte Land, und werden wir je in es kommen? Diese ganze Not, die wir heute haben, die so viele Menschen haben, die glauben wollen und die doch irgendwo dazwischenhängen, die nicht mehr den Bogen geschlagen bekommen zwischen ihrer Erfahrung und dem, was sie glauben wollen, diese ganze Not ist drinnen in der Geschichte des Exodus. Aber was hat das Volk getragen? Die große Geduld miteinander und die Treue des Mose.

Wir haben keinen Mose. Aber wir haben Jesus. Er geht mit uns. Wir dürfen im Alltag auf sein Wort hören. Wir dürfen im Alltag sein Brot brechen. Wir dürfen im Alltag ihn in unseren Schwestern und Brüdern erkennen. Wir dürfen im Alltag uns versammeln in aller Armseligkeit auf Sein Wort hin und doch wissen, daß Er in unserer Mitte ist. Wir haben keinen Mose, aber wir haben Jesus. Und wir haben einander. Aber haben wir die Geduld miteinander? Wir können nur Christen sein, wir können nur österlich leben, wenn wir einander tragen. Genau dies tun wir aber im letzten nicht; es ist nicht so, daß wir einander tragen. Da hat jeder seine private Religion, da pocht jeder auf sein Recht, auf seine Frömmigkeit und macht, wie er will. Und wir rühren nicht daran, und es ist manchmal auch gut, daß wir es nicht tun. Aber wir lassen einander in diesem Innersten allein. Wenn wir ein bißchen ins Gespräch kommen mit Menschen, wie schnell sind wir auf jenem Boden, in dem eine ungeheuerliche Sehnsucht und ein ungeheuerliches Bedürfnis nach dem lebendigen Gott da ist, eine Sehnsucht, die nicht herauskäme, wenn ich mit mir und meiner Privatreligion alleingelassen bin. Nur wenn wir Gemeinschaft bilden in seinem Namen, nur wenn er wirklich als der Österliche in unserer Mitte leben kann, weil wir einander tragen, nur dann kann es weitergehen. Und dann wird der Bogen zwischen der Taufe und dem Tod, dann wird jener anfängliche österliche Impuls, der in unserem Leben stand und den wir noch von unserer Kindheit mitgebracht haben, und dieser Ausblick auf das nicht aus uns selbst bewältigbare Ende doch zu dem einen und konsistenten Leben werden können.

Wir sollten alle Wege unseres Lebens in Osterwege miteinander und füreinander verwandeln. Und in diesem Jahr haben wir einen besonderen Impuls dazu. Ich glaube, unsere Heiligtumsfahrten sind ein solcher Impuls. Das ist nicht eine Auswanderung in die Vergangenheit zu vergilbten Zeichen, die nichts mehr zu sagen haben. Es ist Aufbruch zu dem, der in diesen Zeichen uns sagen will: Ich bin mitten in eurem Alltag, mitten in eurem Leben und Sterben, dort, wo ihr seid. Brecht zu mir auf, brecht zueinander auf, nehmt euch einander an, geht zueinander und kommt miteinander und lebt das dann nicht nur dieses eine Mal in einem festlichen Gottesdienst, sondern lebt es in den Alltag hinein. Immer war diese Aachenfahrt eine Begegnung der Christen aus vielen, vielen Völkern. Viele Jahrzehnte hindurch ist das nicht mehr möglich gewesen, und 1993 ist die erste Heiligtumsfahrt, nachdem der Osten offen ist. Wir dürfen uns freuen auf unsere Schwestern und Brüder aus dem Osten, aus Ungarn, die uns immer sehr verbunden waren. Wir dürfen leben miteinander in liebender Gastfreundschaft, in Gespräch, in Annahme, in Gegenseitigkeit, und dies ist ein wirkliches Zeichen dafür, daß Ostern werden kann. Wenn wir nicht einander annehmen, wenn wir nicht einander Heimat geben, wenn wir nicht Raum geben für die Fremden unter uns, wenn wir nicht aufbrechen zueinander, dann findet der Osterweg, der uns befreit, für uns hier und jetzt nicht statt.

Er ist der Weg. Und so haben wir einen Weg: Lassen wir uns ein mit aller Last unseres Herzens auf Sein österliches Wort, auf Sein österliches Leben, auf Seine österliche Gegenwart. Lassen wir uns aber auch ein aufeinander, damit Er in unserer Mitte ist.

Er ist der Weg im Aushalten unserer Weglosigkeit

Ostersonntag 1993

Liebe Schwestern und Brüder!

Wenn wir uns fragen, wie die heutige Situation in der Welt, in der Kirche und wohl auch im persönlichen Leben vieler zu charakterisieren sei, dann möchte ich, etwas überspitzt formuliert, sagen: Es gibt eine große Weglosigkeit, und wir sind dabei, diese Weglosigkeit zu verdrängen oder besser: uns an diese Weglosigkeit zu gewöhnen.

Wir bemerken die Gewöhnung an die Weglosigkeit, wenn es uns zunehmend kalt läßt, ob irgendeines der Probleme, das am letzten Osterfest die Welt in Atem hielt, inzwischen gelöst ist. Wir haben uns an die vielen Konferenzen über Jugoslawien gewöhnt, und wir rechnen gar nicht mehr damit, daß da etwas herauskommt. Wir haben die große Problematik des Hungers und der Not der Dritten Welt in Somalia gesehen, aber sind wirklich entscheidende Schritte zu einer Änderung erfolgt? Wir haben die Problematik und die Not mit dem großen Zuzug so vieler Fremder deutlich gesehen und die Herausforderung gespürt, aber haben wir angefangen, sie zu bestehen?

Und wie ist das in der Kirche? Was hat sich da geändert? Und in unserem eigenen Leben? Überall stecken wir in der Weglosigkeit der Gewöhnung an unsere Verhältnisse, Krisen und Probleme: Wir schleppen sie mit; wir gehen so weiter; wir vertrösten uns damit, daß es so ist. Aber Weg? Wo ist er? Vertröstung und Gewöhnung angesichts der Weglosigkeit. Aber wo ist ein Weg?

Dahinein spricht die Osterbotschaft. Wie so oft ist das Johannesevangelium eine Schrift, in der der Heilige Geist sozusagen den Hintergrund dessen, was äußerlich und konkret geschichtlich passiert, offenlegt. Und für mich ist jenes Wort, das als Motto über den Heiligtumsfahrten 1993 steht, ein Deutewort, ein Schlüsselwort für Ostern: "Ich bin der Weg, die Wahrheit und das Leben" (Joh 14, 6). Stellen wir uns in die Situation hinein, in der Jesus dieses Wort gesprochen hat. Da sind die Jünger mit ihm zusammen, die es bis dahin bei ihm ausgehalten haben und die sich an das Wort des Simon Petrus erinnern: "Herr, zu wem sollen wir gehen? Du hast Worte des ewigen Lebens" (Joh 6,68). Sie waren fasziniert von dem, was Jesus tat, sie wußten, in ihm handelt Gott. Und nun sagt er: "Ich gehe zum Vater, euch eine Wohnung zu bereiten. Wohin ich gehe, ihr wißt es. Und ihr kennt auch den Weg" (vgl. Joh 14, 2. 4). Und da wird offenbar, was sie in all ihrer Faszination und Treue dennoch nicht begriffen haben. Sie sagen: "Wir wissen nicht, wohin du gehst. Wie sollen wir dann den Weg kennen?" (Joh 14, 5). Sie spüren: Sie können nicht leben ohne ihn. Aber was er wirklich tut, was da wirklich geschieht, das geht ihnen nicht auf. Sie rechnen insgeheim eben damit, daß er ein Reich aufrichtet, daß er Verhältnisse ändert, daß er etwas herbeiholt und herbeizaubert, was Leben äußerlich anders werden läßt. Und jetzt ist die entscheidende Stunde vor diesem Osterfest, auf das alles zuläuft, wo wirklich die große Auseinandersetzung einsetzen wird und wo er dann die Herrschaft ergreifen soll. So dachten sie, ihn zu verstehen, und verstehen ihn nicht. Sie sind so fest in ihren eigenen Vorstellungen, daß sie sich nicht freimachen können für das, was er ihnen zu sagen hat. Aber wie ist das bei uns? Was für Vorstellungen haben wir? Wie sehr meinen wir schon zu wissen, wie er es machen muß und was er machen wird und wie es allein geht. Auch uns bleibt nur die Ratlosigkeit und Weglosigkeit wie bei den Jüngern damals.

Und dahinein sagt er sein Ostern deutendes Wort: Ich bin der Weg. Er sagt nicht: Ich habe den Weg, oder: Ich zeige den Weg, oder: Ich bin auch noch ein Ausweg, sondern: Ich bin der Weg. Also ist er nicht wie eine Gangway, die man an das Flugzeug heranschiebt, damit die Passagiere einsteigen können, und dann wird diese Gangway wieder weggefahren. Nein, er ist der Weg, und deswegen gehört er ganz und gar dazu. Und so sagt er ja auch nicht nur, daß er der Weg ist, sondern er sagt: "Ich bin der Weg und die Wahrheit und das Leben" (Joh 14, 6). Aber was bedeutet das? Was sagt das? Wie ist Jesus der Weg? Was ist dieses andere, als bloß einen Weg zu zeigen und einen

Weg zu sagen, was ist dieses, was seinen Weg ausmacht, seinen Weg, der sich endgültig dann verdichtet und offenbart und vollendet an Ostern?

Im Prolog zum Johannesevangelium heißt es: "Das Wort ist Fleisch geworden" (Joh 1, 14). Das Wort, aus dem alles gemacht ist, aus dem alles entstanden ist, das den Sinn jenseits von allem zeigt, dieses Wort steigt ein in die Ordnung des Fleisches, in die Ordnung der Banalität, in die Ordnung der Sünde, in die Ordnung der notvollen Geschichte, in die Ordnung, in der wir die Dinge nicht "gekramt" bekommen, in die Ordnung, in der es immer wieder nur das Vergehen und das neue Anfangen gibt. Er steigt ein, er macht sich das zu eigen. Sein Weg ist der Mensch. Sein Weg sind wir. Sein Weg ist unser Schicksal. Und das macht er nicht nur so, sondern das ist er. Er ist es, in dem Gott selber sich identifiziert mit uns. Das ist der Weg. Er geht unseren Weg, er nimmt das Unsere an, und er trägt es zum Vater. Er nimmt uns so, wie wir sind, und er bringt es hinein in dieses Verhältnis zum Vater, ohne das er gar nichts wäre. Er ist nichts anderes als dieses Du-Sagen zum Vater, als dieses den-Vater-Ausdrücken. Und in dieses Verhältnis zum Vater, in dieses innerste Leben, in diese Gottheit, in diese dreifaltige Gottheit Vater, Sohn und Geist, da nimmt er uns, da nimmt er die Welt, da nimmt er das alles mit hinein und trägt es dorthin. So ist er der Weg, indem er sich ausliefert bis in die letzte Konsequenz, bis in die äußerste Verlassenheit und Verlorenheit. Er wird selber, was wir sind angesichts unseres Scheiterns vor Gott. Er wird unsere eigene Weglosigkeit. Aber so zeigt er, wer Gott ist. Er zeigt es nicht nur, sondern er selbst lebt, wer Gott ist: der Gott, der die Liebe ist, der Gott, der uns liebt. Und so wird er zum Weg, der hineinführt in das Gelingen von Ostern durch das Scheitern hindurch.

Was sagt das für unser notvolles Ringen um den Weg, für unsere Enttäuschung, den Weg nicht zu finden? Unsere Ratlosigkeit läßt sich nicht mit ein paar Appellen an unser Handeln lösen. Nichts ist abstrakter, als andauernd das Konkrete zu fordern. Manchmal läßt sich einfach nichts tun. Manchmal bleibt nichts anderes, als die Weglosigkeit auszuhalten, um den Weg zu finden. Das Aushalten darf aber eben nicht nur Vertröstung oder Gleichgültigkeit oder Abstumpfung sein, sondern es ist der Weg, den wir zu gehen haben in unserer Geschichte. Es ist der Weg, der Jesus selbst ist. Wir Christen sind es, in denen jede Situation mit ihren Nöten angenommen und ausgehalten ist. So kommen wir nicht umhin zu sagen, alle Probleme, die es in der Welt gibt, sind unsere. Nicht, weil wir die besseren Lösungen haben, nicht weil wir sagen können, wie es geht. Wir können es sagen, weil alles in Ihm getragen ist und weil nur dann, wenn wir es tragen, diese Probleme in Ihm einen Ort haben. Wenn das Kreuz der Welt sich nicht auf unsere Schultern legt, dann erschlägt es sie. Das Kreuz braucht Schultern, die es tragen, um nicht die Menschen zu erschlagen. Und wir, die Christen, sind die Schulter der Welt, die das Kreuz trägt.

Wir sind in die Solidarität mit den Schwachen, mit den Armen, mit denen, die nichts haben, mit denen, die nichts sind, mit denen, die nichts gelten, gewiesen. Wir sind hineingewiesen in den Todesweg Jesu. Und nur in diesem Todesweg können wir alles dem Vater übergeben und so ins Leben des Vaters hineintragen.

Sehen Sie, das ist die Wahrheit der Welt. Wir suchen Wahrheit, und wir sagen, die Wahrheit ist schwierig. Und das ist richtig. Die Wahrheit ist noch viel schwieriger, die Wirklichkeit ist noch viel ernster, als wir sehen. Wir vertrösten uns viel zu sehr über sie hinweg. Aber das ist kein Grund zur Verzweiflung. Denn diese Wirklichkeit ist getragen in Liebe. Und die Liebe hat mehr Recht als aller Realismus. Ja, nur das ist Realismus, daß wir die Liebe Gottes, die dieses alles getragen hat, in Jesus ernst nehmen und deswegen den Mut zu dieser Wahrheit und zu ihrem Bestehen haben. Der Weg ist die Ausweglosigkeit, die wir tragen. Die Wahrheit ist die Schrecklichkeit, die wir annehmen und aushalten, im Wissen, daß wahrer als alles Schreckliche die Liebe ist. Die Dinge sind nicht, wie sie sind, sondern wie sie geliebt sind. Und so können wir sie in Jesus tragen, so können wir die Schulter dieser Menschheit sein, die das Kreuz trägt.

Er ist der Weg, die Wahrheit und das Leben, und so werden auch wir den Weg zum wahren Leben finden. Leben, das wir gerade dann nicht haben, wenn wir uns festmachen an uns selbst, wenn wir es konservieren wollen, wenn wir es festhalten wollen, wenn wir es nicht weggeben wollen, wenn wir es nicht verbrauchen wollen, wenn wir in Hysterie fallen, wenn wir entdecken, daß da unser Leben in Gefahr ist. Nur wenn wir Leben schenken, nur dann haben wir Leben. Uns geht es wie dem Licht, das nicht mehr hell ist, wenn es keine Strahlen sendet, oder wie der Quelle, die nicht mehr sprudelt, wenn sie nichts weggibt. Nur wenn wir das als das Leben erkennen, dieses Weggeben des Lebens, wie wir es an Jesus sehen, nur dann können wir Leben haben, und dann dürfen wir entdecken, daß dies nicht nur ein frommer Gedanke ist, der die Not anders interpretiert, sondern daß wir durch den Tod in jenes wirkliche und ganze Leben hineinschreiten, das Er ist.

Schauen wir auf Ihn, schauen wir auf Den, der unser Antlitz trägt, schauen wir auf Den, der aller Antlitz trägt, schauen wir auf den "Ecce homo" und schauen wir auf seinem Antlitz das Licht der Herrlichkeit Gottes. Dann werden wir uns nicht an die Weglosigkeit gewöhnen; sondern in uns, in unserer Schwäche und Armut wird die Weglosigkeit dieser Welt zum Weg werden, zum Weg, der in die Zukunft führt.

Das Diakonengewand, gewoben aus den vier Aachener Heiligtümern

Weihe Ständiger Diakone am 24. April 1993

Liebe Weihekandidaten!
Liebe Familien und Freunde unserer Diakonanden!
Liebe Schwestern und Brüder!

Wohl in der ganzen Geschichte dieses Aachener Doms in allen 1200 Jahren wird das Evangelium, das Sie sich zu Ihrer Weihe ausgewählt haben, in kaum einem Jahr so oft verkündet worden sein wie 1993. Denn dieses Jahr steht die Heiligtumsfahrt unter dem Titel "Ich bin der Weg" (Joh 14, 6). Dies ist heute auch der Kernsatz des Evangeliums. Und jene, die in den Domgottesdiensten an Ostern und den Tagen zuvor mich predigen gehört haben, bitte ich um ein wenig Geduld und Vergebung, daß das Wort, das ich dort auf die Ostergeheimnisse ausgelegt habe, heute wiederkehrt und daß es sich nun auslegt auf Ihren diakonischen Dienst.

Sie werden nachher die Dalmatik, das Gewand der Diakone, erhalten. Und ich habe ein wenig nachgedacht, wie dieses Diakonengewand, das Sie tragen, innerlich zusammengewoben ist aus den vier Aachener Heiligtümern. Das hört sich merkwürdig an. Aber wenn Sie den Weg des Gedankens mit mir gehen, werden Sie, glaube ich, spüren, was ich damit sagen will, und Sie werden spüren, daß das auch etwas mit dem zu tun hat, was wir schon miteinander in diesen letzten Wochen bei den Skrutinien und in unserem Zusammensein ertastet haben.

Da ist zum einen das Kleid Mariens, eine alte Tuchreliquie, die an jenes Kleid erinnert, das Maria in der Heiligen Nacht getragen hat. Sie geht mit auf diesem ersten Weg des Sohnes Gottes, der Mensch wird auf dieser Welt. Sie begleitet ihn. Sie ist mitten drinnen in dieser Abstiegsbewegung, in diesem Kommen-Wollen zu den anderen, in diesem Sich-den-anderen-anvertrauen-Wollen Gottes. Sie ist die Bedingung, daß dieser Jesus tatsächlich als der Bruder aller und als der Diener aller erscheinen kann. Und sie trägt diesen Jesus verborgen unter diesem Kleid in sich. Das erinnert mich an drei Dinge in Ihrem Leben und in Ihrem Weg. Sie gehen als Diakone mit einem Geheimnis. Sie gehen nicht einfach in die Welt hinein, um einmal zu schauen, was dabei herauskommt. Sie gehen nicht mit Ihren bloßen Karriereplänen, um einmal zu schauen, wie weit Sie es bringen. Sie gehen nicht mit Ihrer Neugier, um für ein Abenteuer offen zu sein. Sie gehen nicht mit jenem Mißtrauen, daß ja doch nichts herauskommen kann in dieser kritischen Zeit; Sie schauen nicht nur, wie Sie allenfalls über die Runden kommen. Sie gehen nicht in irgendeine Behäbigkeit, in der Sie sich einfach ausruhen wollen. Sondern Sie gehen mit einem Geheimnis. Es ist kostbar, inmitten einer Welt, wo viele Menschen ohne Geheimnis leben, mit einem Geheimnis zu gehen, das einen Namen trägt. Sie gehen mit diesem Jesus, der sich Ihnen anvertraut. Wenn Sie geweiht werden zu Diakonen, vertraut sich derjenige Ihnen an, der an Weihnachten Mensch geworden ist und der am Gründonnerstag und am Karfreitag sein Leben hingegeben hat. Er will das Geheimnis Ihres Lebens sein. Und dieses Geheimnis dürfen Sie hintragen zu den Menschen. Es ist nicht ein privater Besitz, sondern etwas, was Sie verschenken, was Sie anbieten dürfen. Nehmen Sie dieses Kleid Mariens an, um das Geheimnis seiner Liebe zu den anderen zu bringen. Seien Sie in diesem Kleid Mariens Bringer und Hüter des Geheimnisses.

Das zweite Heiligtum, das in Aachen verehrt wird, sind die Windeln Jesu. Diese Windeln Jesu sind das Zeichen, daß er wie jeder andere als kleiner Mensch, als Kind anfangen wollte. Er hat angefangen mitten unter uns, er hat dort angefangen, wo die Hirten und wo seine eigene Familie zusammenkamen. Er hat angefangen am Rand von Betlehem, weil sonst kein Platz für ihn da war. Aber so hat er eine neue Mitte konstituiert, zu der seither, von diesem ersten Weihnachten an Ungezählte immer wieder gekommen sind. Auch Ihr Weg beginnt in Ihrer Familie. Auch Sie fangen an bei den Menschen am Rand, für die es keinen Platz gibt. Auch Sie führen Menschen zusammen. Sie sammeln Menschen um diesen Einen. Sie sind sozusagen die Einladung, der Ruf: Kommt, laßt uns anbeten! Kommt, laßt uns Ihn in dieser Mitte finden! Sie können andere nur einladen, andere zusammenbinden, wenn Sie nicht die großartigen Persönlichkeiten von oben sind, sondern die Diener, wenn Sie die Kinder sind, wenn Sie selber werden wie dieses Kind. In dieser innersten Einfachheit, in diesem innersten Raum-Haben für Ihn können Sie Ihn in sich tragen als das Geheimnis, können Sie Ihn hinaustragen, Ihm die Mitte eröffnen, in der Er mitten unter uns ist, um Menschen zusammenzuführen.

Da gehört aber noch ein Drittes hinzu, jenes Enthauptungstuch Johannes' des Täufers. Sie sind gesandt, um der Wahrheit Zeugnis zu geben. Ich hoffe von ganzem Herzen, daß es Sie nicht den Kopf kostet wie Johannes den Täufer. Aber der extreme Ernstfall des Diakonats ist das Martyrium. Und dazu braucht es nicht den abgeschlagenen Kopf, sondern da braucht es den täglichen Blutstropfen. Da braucht es jenen Mut, den es kostet, mitten in einer Welt zu stehen, in der die anderen ganz anders leben und in der weit weg von allem anderen dieser Christus ist. Haben Sie den Mut, Ihren täglichen Blutstropfen zu schenken und zu geben, den Mut, das Martyrium auf sich zu nehmen, das es kostet, heute mitten in der Welt Zeuge Jesu Christi zu sein.

Und so sind Sie geweiht, diese Welt zum Vater zu tragen, dieser Welt und den vielen, vielen Erfahrungen Ihres Lebens, den vielen, vielen Erfahrungen derer, denen Sie begegnen, einen Ort zu geben im Vater. Und Zeichen dafür ist jenes Kostbarste der Heiligtümer, die wir hier verehren in der Ordnung der Heilsgeschichte, das Lendentuch Jesu. Er am Kreuz, Er fürbittend für alle, Er mit nichts anderem mehr bekleidet als mit diesem Gewand und so sich dem Vater hinhaltend.

Aus den vier Aachener Heiligtümern ist Ihr Diakonengewand gewoben. Mögen darin die Wege Ihres Diakonates, mögen darin die Wege Ihres Lebens sichtbar sein: geweiht zum Geheimnis, geweiht zur Mitte, geweiht zum Martyrium, geweiht, diese Welt zum Vater zu tragen. So entdecken Sie in Ihrem Pilgerkleid, in Ihrem Diakonenkleid diesen Weg Gottes in das Herz des einzelnen hinein, diesen Weg Gottes in die Mitte aller hinein, diesen Weg Gottes in die Welt hinein. Er ist der Weg, und Sie sind in ihm Weg, Weg für andere. Der Diakon ist jener, der den lebendigen Herrn hinträgt zu den Menschen und ihn darstellt als den Diener aller. Sie tragen das Geheimnis hinaus mitten in die Welt, dort, wo es Liebe, wo es Dienst werden will. Sie öffnen die Menschen füreinander, Sie sammeln sie, Sie rufen sie zusammen, Sie bilden Gemeinde von den Rändern her in die Mitte, auf daß Er in der Mitte sein kann. Sie haben den Mut zum täglichen Blutstropfen als Zeugnis für ihn. Und schließlich gehen Sie in die Welt hinaus und zugleich zum Vater und bringen in Ihrer Fürbitte, in Ihrem Gebet, in Ihrem Dienst alle in die Eucharistie hinein, wo der Herr alles im Vater vollendet. Nehmen Sie die Sendung dieser Wege der Aachener Heiligtümer an und gehen Sie froh auf diesen Wegen.

Ich bin froh, daß Sie mit mir gehen und daß ich mit Ihnen gehen darf. Und ich wünsche mir, daß Sie das immer spüren. Ich bin auch froh, daß Sie mit vielen anderen Diakonen gehen, daß Sie mit dem Presbyterium gehen, daß Sie mit den Bischöfen gehen. Und ich bin froh, daß Sie nicht allein gehen müssen, sondern daß Sie Ihre liebe Familie haben. Danke, liebe Frauen und liebe Kinder und liebe Angehörige unserer Diakonanden. Danke Ihnen, daß Sie diesen unselbstverständlichen Weg mitgehen. Sie gehören zu Ihren Diakonen, Sie gehören so auch zu mir. Sie gehören zu uns.

Ich kann allerdings die Predigt nicht schließen, ohne zu erzählen, daß ich am Morgen beim Blick in meinen Kalender, wo ich die Sterbetage meiner Freunde verzeichnet habe, feststellte, daß gerade heute vor drei Jahren ein mir sehr lieber Freund gestorben ist, der Ständiger Diakon war (nicht in unserem Bistum). Er hatte Krebs und war knapp 50 Jahre alt. Er hat viel im sozial-caritativen Bereich geleistet. Am Schluß kostete es ihn die Stimme, er konnte nicht mehr sprechen. Am Tag vor seinem Sterben hat er ein Blatt Papier erbeten und einen Stift, und er schrieb mit zitternder Hand: "Ja, ja, ja! Gott ist Liebe", und darunter das Datum und seinen Namen. Sie sagen jetzt Ja. Und dieses Ja wird angenommen. Sie sagen jetzt, daß in allem Gott Liebe ist, und bringen das zu den Menschen. Sie stehen mit Ihrem Namen dazu, und Er steht mit seinem Namen, mit seinem Ja dazu. Und so dürfen wir es miteinander wagen.

Stadtstreicher und Anwälte der Neuen Stadt

Priesterweihe am 25. September 1993

Liebe Weihekandidaten!
Liebe Schwestern und Brüder!

Man hat es Ihnen anspüren können, wenn man mit Ihnen sprach in der letzten Zeit, daß die Lesung des heutigen Samstags, Ihres Weihetags, es Ihnen angetan hat, daß das Himmlische Jerusalem, die Neue Stadt wirklich anfängt, Ihr Lebens- und Wirkraum zu werden. Und das ging soweit, daß wir ja im Gespräch sagten, ich dürfe durchaus darüber predigen, daß Sie die "Stadtstreicher" der Neuen Stadt würden. Ich habe indessen noch ein wenig tiefer über den Text nachgedacht und habe diese Aussage doch noch ein wenig "verernstet", ein wenig vertieft und möchte Ihnen das Ergebnis dessen nun sagen. Ich glaube, daß es uns allen etwas zu sagen hat.

Der Prophet Sacharja spricht diesen Lesungstext (Sach 2, 5-9. 14-15a) über den Aufbau Jerusalems in einer sehr desolaten Situation. Einerseits neuer Anfang, Aufbruch, Hoffnung, Rückkehr aus dem babylonischen Exil, aber dann, wenn man darangehen will, die Stadt wirklich miteinander aufzubauen, stößt man an allen Ecken und Enden in gegenseitige Schwierigkeiten. Auch wir wissen ja nicht, ob es überhaupt weitergeht oder ob nicht am Ende doch wieder alles auseinandergeht. Wir fragen uns, ob es überhaupt Sinn hat, ob das, was früher so großartig ging, heute noch geht, ob wir genügend Kraft haben oder einfach überfordert sind. Das prägte damals aber auch den Stil und das Leben und Erleben der Menschen in Jerusalem. Und dahinein kommt der Prophet und sagt: Alles das ist richtig und wahr, aber es ist nicht das Letzte. Es wird etwas Neues geben, es wird etwas Ungeheuerliches geben, und wenn ihr noch so nüchtern alles betrachtet und euch auf diese nüchternen Realitäten einstellt, es gibt etwas, was Mut macht. Und das zeigt er uns. Aber wie sieht dieser Mut aus und wie ist diese Neue Stadt sozusagen innerlich, architektonisch angelegt, so daß sie gebaut werden kann von den Menschen in ihrer schwierigen Situation?

Da geht einer und hat ein Meßgerät in der Hand. Der Prophet fragt, was machst du denn da? Und die Antwort heißt: Ich gehe ausmessen, wie groß Jerusalem werden soll. Ja, warum will er das ausmessen? Ja, schließlich muß man eine Mauer erbauen. Das steht im Hintergrund: Wir müssen eine Mauer bauen. Und da sagt nun Gott: "Nichts mit Mauer bauen, sondern Jerusalem ist eine offene Stadt. Sie soll nicht begrenzt sein, sie soll wachsen können, sie soll sich ausbreiten können, die Völker sollen in sie herbeiströmen können, und die Menschen in der Stadt sollen atmen können. Ich möchte nicht eine Stadt mit Mauern. Sicher, ihr braucht Schutz, aber ich selber werde ein Wall von Feuer um euch sein. Ich selber werde euer Schutz sein."

Etwas Ungeheuerliches: Gott will die Weite. Gott will alle, Gott will kein Getto. Das heißt nicht Unverbindlichkeit, das heißt nicht Ausverkauf, das heißt nicht Phantasterei, denn wir brauchen schon ganz reale Verbindlichkeit auch in der Neuen Stadt, auch in ihr können wir nicht vorschnell Mauern und Zäune niederreißen. Aber das Innere, die innere Architektur ist die offene Stadt. Nur in dieser offenen Stadt ist Er selber der, der uns auffängt, der uns schützt, der uns trägt, so daß wir keine Angst zu haben brauchen. Aber das, was nach außen hin dann dieser Feuerwall ist, hat nach innen hin wieder einen anderen Akzent: Es ist Preis und Ehre. Oder wie Martin Buber in seiner Übersetzung sagt: Der Ehrenpreis, der Ehrenschein Gottes, es ist die Herrlichkeit Gottes. In euch wird Gott leuchten, er wird der Glanz sein, er wird die Schönheit sein, und er wird stärker sein als alle Widerstände, so daß er in dieser Armseligkeit dennoch der Magnet ist, der die Völker anzieht. Gott ist stärker als die Verhältnisse. Und dieser Gott, der stärker ist als die Verhältnisse, wird in der noch so armseligen, kleinen, begrenzten, von halbfähigen oder unfähigen Menschen erbauten Stadt gegenwärtig sein. Er wird Glanz und Gloria, er wird Ehre und Herrlichkeit dieser Stadt sein, nichts anderes. Wir sollen nicht prunken mit großen Leistungen, nicht prunken mit Zahlen, nicht prunken mit irgendwelchen Erfolgen, sondern er soll leuchten in unserer Mitte. Und so kann Er selber die Mitte sein, die Mitte dieser Stadt. Die Mitte, die alles anzieht, die Mitte, die das einzig Notwendige ist. Und wenn es noch so schwierig ist, wenn noch so wenig klappt: Er ist da, Er geht nicht weg, und Er bleibt. Das ist die innere Architektur des Himmlischen Jerusalem, die weite Stadt, die offene Stadt für alle. Er, der Herr selber, ist der Feuerwall, darin sein Licht als die einzige Hoffnung und Schönheit und Zuversicht, und Er ist die Mitte, der die Völker anzieht.

Ich sage dies auch, weil die Situation heute in unserer Kirche der von damals sehr, sehr ähnlich ist. Wir brauchen diese Botschaft nicht als Vertröstung, nicht um uns in irgendwelchen Optimismus hineinzuträumen, sondern um innerhalb unserer Wirklichkeit Realisten zu sein, aber Realisten der ganzen Realität. Und die Realität ohne Gott ist nicht die Realität.

In diese Wirklichkeit, liebe Brüder, werden Sie hineingeweiht und hineingesandt. Und ich möchte einfach noch einmal fragen, was das bedeutet, Priester sein in diesen Dimensionen der Neuen Stadt. Sie sind Anwälte der Weite Gottes. Das ist das Erste, Anwälte der Weite Gottes sein. Sie müssen schauen über den eigenen Zaun, Sie müssen schauen über die eigene Wehleidigkeit, und Sie müssen schauen über die eigene Not nach den anderen, aufs Ganze, auf die vielen. Wir dürfen nicht sagen, wir machen das so und so, und die anderen haben Pech gehabt, wenn sie nicht kommen. Dabei darf es Ihnen nicht darum gehen, mit Anpassungen oder Ermäßigungen irgend etwas zu erreichen, sondern diese Leidenschaft Gottes muß Sie innerlich erfüllen. Sie haben nicht irgendwo äußerlich etwas abzumessen, Sie sind nicht zu Landvermessern und Stadtvermessern, sondern Sie sind zu Bauleuten dieser Weite Gottes, zu Anwälten dieser Weite Gottes bestimmt.

Und dann sind Sie Anwälte der Zuversicht: Gott ist der Wall, der uns umgibt. Gott ist die Mauer, die die Offenheit nicht eingrenzt und trotzdem uns Schutz gibt. Er hat doch alle Abgründe in sich selber hineingenommen. Er hat doch selber alle diese Furchtbarkeiten durchlitten. Er ist doch dorthin gegangen. Und deswegen können wir nirgendwohin kommen, wo nicht er schon war und nicht schon alles das, was schwer ist, verbrannt und umgeschmolzen hat in seiner Liebe. Sie sind Anwälte des Vertrauens und der Hoffnung.

Und dann werden Sie auch Anwälte sein können - ich sage es einmal so - der Schönheit Gottes. Sie werden spüren können, daß es schön ist, an Ihn zu glauben. Alle Dunkelheiten, Fragen und Grenzen können uns bis ins Äußerste bedrängen, aber wenn wir da hindurchgehen, dann ist Gott schön. Mit Gott leben, mit Seinem Wort leben, da ist ein Glanz drinnen. Das ist etwas anderes, das ist eine neue Qualität. Und diese neue Qualität, dieses Andere Gottes, diese Schönheit Gottes den Menschen nahebringen und selber aus ihr leben, das ist Ihre Aufgabe.

Und schließlich: Anwälte sein der Einheit, des einen Notwendigen in der Mitte, das alles andere ermöglicht und alles andere gutmacht.

Ich denke, diese vierfache Anwaltspflicht und diese vierfache Bevollmächtigung, Anwälte zu sein, ist etwas ungeheuerlich Kostbares, Wichtiges, Nötiges, Schönes, Gewagtes, aber von Ihm und von Seiner Gnade und seinem Geist in Ihnen Grundgelegtes. Nur, wie sollen Sie es machen? Was ist Ihr Werkzeug? Oder wie sind Sie dessen Werkzeug? Ich muß sagen, als ich gestern abend in der Kapelle des Priesterseminars mit Ihnen zusammen war, Sie auf den Seiten sah und auf dem Altar die Kelche stehen, die ich dann weihen durfte, da ist mir spontan etwas durch den Sinn gegangen, was dann auch der Regens eigentlich bestätigt hat. Ich habe so gedacht, als ich Ihre Kelche sah: Jetzt fragt Jesus jeden einzelnen von Ihnen: "Kannst Du den Kelch trinken, den ich trinken werde?" Das ist schon das Werkzeug: sein Kelch. Seinen Kelch trinken. Und dieser Kelch ist bitter. Aber er ist zugleich die Fülle des Lebens. Dieser Kelch, in dem die Gaben des Volkes, in dem das Blut des Volkes, in dem die Not des Volkes ist. Lassen Sie in Ihren Kelch die Blutstropfen des Volkes Gottes hinein. Stehen Sie für dieses Volk Gottes ein: betend, liebend, leidend. Geben Sie Ihr eigenes Blut hinein. Es wird Sie Blut kosten. Die Treue kostet Blut, die Liebe kostet Blut, das Ja zur Kirche kostet Blut, das Ja zur Welt kostet Blut. Geben Sie diesen Blutstropfen hinein. Und dann wird aus den vielen Gaben, die Sie annehmen, aus dem vielen Blut, das Sie annehmen, aus den vielen Gaben, die Sie hineingeben, aus dem vielen Blut, das Sie hineingeben, der Kelch des Heiles, das Blut Christi. Und Sie werden es austeilen, und wir werden Neue Stadt sein, offene Stadt, Stadt, geschützt vom Feuerwall Gottes, Stadt erleuchtet von der Herrlichkeit Gottes, Stadt, mit dem Herrn selber in unserer Mitte, und das ist eine große Verheißung und eine große Zuversicht.

"Ich suche die eine Perle in Deinem Volk, in Deiner Kultur, in Deinem Glauben"

Sonntag der Weltmission, 24. Oktober 1993

Liebe Schwestern und Brüder!

Zur Zeit bin ich auf Pastoralvisitation in einem Landdekanat unseres Bistums. Am vergangenen Donnerstag hatte ich ein Gespräch mit den Frauen, die in den Dörfern dort die Frauenarbeit vorantragen. Man sprach in Kleingruppen über das Evangelium vom Suchen der Perle. Wo ist die eine kostbare Perle, für die wir alles andere verkaufen können; welches ist diese Perle für uns?

Und im Gespräch darüber packte es eine junge Frau, die sagte: Ich meine, wir müßten unsere Perlen verkaufen für die Dritte Welt, für die Jungen Kirchen. Die Kirche müßte sich von allen Schätzen trennen, alles verkaufen, damit endlich der Hunger aufhört auf Erden. Ich habe mit dieser Frau dann ein längeres Gespräch geführt und ihr gesagt, ich sei von ganzem Herzen der Überzeugung, daß es notwendig ist zu teilen, daß es notwendig ist, für den anderen und vom anderen her dazusein, aber es wäre, so meinte ich, zu wenig, nur etwas zu verkaufen und herzugeben und dann alles beim alten zu lassen. Die Jungen

Kirchen und die Kirche in Europa, die Menschen aus den Kulturen der ganzen Welt und jene, die in der technischen modernen Kultur groß geworden sind: Müßten wir nicht alle miteinander auf Perlensuche gehen? Und miteinander, das heißt die Perle suchen im je anderen. Wenn ich die Perle, auf die alles ankommt, nicht in deinem Glauben, nicht in deiner Kultur, nicht in deinem Dasein gefunden habe, dann bleibt alles, was ich gebe, ein bloßes Almosen, und es passiert nichts, die Welt wird nicht anders, sondern wir bleiben in denselben Verhältnissen stecken, und das eigentlich Neue des Christentums gewinnt keinen Raum.

Such die eine Perle, die Perle, auf die alles ankommt, in deinem Nächsten, in seinem Glauben, in seiner Kultur, in seiner Weise zu leben, in seiner Weise, sich zu äußern. Nicht im Sinn eines netten Folklorismus, weil es so schön ist, auch einmal ganz anders da zu sein, sondern in diesem radikalen Ernst, der uns sehen läßt, daß meine Welt eben nicht mehr nur die europäische ist, und daß unsere Welt nicht dadurch schon wahrhaft eins ist, daß wir ein technisches Kommunikationsnetz aufgebaut haben, und daß alles irgendwo von der Weltwirtschaft und von den Mitteln der Technik und der Kommunikation abhängig ist. Nicht darin beruht wahre Einheit der Welt, sondern das sind allenfalls Kommunikationskanäle, um den anderen in seiner wunderbaren Andersheit ernstzunehmen und das Wort Gottes aus seinem Mund, aus seinem Herzen, aus seiner Erfahrung, aus seinem Leben neu für uns zu buchstabieren. Meine Perle ist in dir, deine Perle ist in mir. Und wenn wir darüber tiefer nachdenken, dann ist das eigentlich Grundbotschaft, Kern des Neuen Testamentes.

Wenn wir einmal in jener zu Ende gedachten Radikalität des Evangeliums, wie sie uns im Johannesevangelium begegnet, das anschauen, dann treffen wir immer wieder auf eine Formel, die zunächst merkwürdig und eben "formal" klingt, die aber für mich Innerstes und Wichtigstes enthält: Der Vater und der Sohn sind - im einen Geiste - ineinander. Ich bin in dir, du bist in mir. Das ist das Wesen Jesu: Er hat nur die eine Perle - den Willen des Vaters. Und das ist das Wesen des Vaters: Er hat nur die eine Perle, die eine Kostbarkeit, die eine Herrlichkeit - das ist der Sohn. Gerade dadurch, daß einer im anderen ist, daß der eine sich im anderen findet, daß der eine sich dem anderen schenkt, wird das Modell einer neuen Welt geboren. Darin wird deutlich, daß wir nicht mehr einzelne Inseln von Kulturen, von Menschen bilden - ich lebe so, du lebst so, und wir gehen einander nichts an -, sondern daß wir erst ineinander, im je anderen unser eigenes Geheimnis finden; daß meine eigene Kostbarkeit, meine eigene Kultur, mein eigener Schatz erst herauskommen, wenn ich auf dich schaue und mich in dich hinein vergesse und verliere. Das ist alles eher als ein billiger Relativismus, das ist alles eher als eine bloße Auflösung des einen Evangeliums in nur kulturelle Gestalten. Aber wenn wir uns nicht dieser inneren Liebe, diesem inneren

Uns-eins-Machen mit dem anderen öffnen, dann verstehen wir nicht, was Jesus getan hat. Jesus hat das getan: Er hat sich verborgen und vergraben in unser Fleisch. Er ist einer geworden wie wir, und er hat alle Last und alle Kostbarkeit des Menschen auf sich geladen. Nur dann, wenn wir so aufeinander zugehen; nur dann, wenn wir uns so voneinander in Frage stellen lassen; nur dann, wenn wir so denken und so sehen und so leben, daß ich Gott im anderen finde und der andere Gott in mir, daß ich deinen Jesus suche und du meinen Jesus, nur dann kann der Herr auf Weltdimension das verwirklichen, was er verheißen hat: "Wo zwei oder drei in meinem Namen versammelt sind, bin ich mitten unter ihnen" (Mt 18, 20). Und diese andere Welt, die es zu bauen gilt, das ist die Welt, wo Er in der Mitte unsere Vermittlung, unser beständiges Aufeinander-Hören, unseren beständigen Dialog, unsere beständige Auslieferung aneinander, unser beständiges Geben unserer selbst und des Unseren wirkt: Er in unserer Mitte, nur Er.

Ich glaube, liebe Schwestern und Brüder, das hat etwas zu tun mit dem Evangelium, das wir heute gehört haben. Mit dem Evangelium vom großen Gebot, das da lautet, daß wir Gott mit unserem ganzen Herzen, mit unserer ganzen Seele, mit allen unseren Kräften lieben sollen, aber daß es genauso wichtig ist, den Nächsten zu lieben wie uns selbst (vgl. Mt 22, 34-40). Es kann ja nicht anders sein. Wenn der Mensch die Leidenschaft Gottes ist, wenn Gott seinen Sohn für den Menschen hingibt, dann kann ich doch nicht diesem Menschen ausweichen, dann kann ich ihn doch nicht ins zweite Glied schicken. Das wäre genauso, wie wenn ich der Freund eines Künstlers wäre und würde seine Kunstwerke zum Fenster hinauswerfen. Ich liebe ihn nur, wenn ich das liebe, was er schafft, was er tut.

Und dieses muß jetzt und heute und kann jetzt und heute - und das ist sozusagen das Großartige an unserer Epoche - auf Weltdimension geschehen. Es bleibt ein ganz persönliches Gebot, eine ganz persönliche Anforderung: Ich muß lieben mit meinem unvertretbaren, einmaligen pochenden Herzen. Aber nicht nur ich, sondern wir, wir als Gemeinschaft. Wir sind einander als die vielen Kulturen, als die vielen Gestalten des einen Glaubens so in den Blick gekommen wie nie zuvor in der Geschichte. Zwischen uns, zwischen der Kirche Asiens, Afrikas, Europas, Lateinamerikas und Ozeaniens, zwischen den vielen Kirchen, die die eine Kirche bilden, muß es einen Dialog, muß es ein Lernen voneinander, muß es ein gegenseitiges Sich-Lieben geben, in dem diese Liebe Weltgestalt wird.

Und wie geht das? Eben nur so, daß ich mich radikal öffne für den anderen und, indem ich dies tue, mich radikal öffne für Gott. Wenn ich mich frage, wie ich heute, wie ich mit diesem Wissen, mit dieser Überzeugung etwa das große Gebot neu formulieren oder auslegen könnte, dann sage ich mir: Ich möchte Gott lieben mit deinem Herzen, und ich möchte dich lieben mit Gottes Herzen.

Ich möchte Gott lieben mit deinem Herzen. Ich möchte dich kennen, ich möchte das, was Gott in dich hineingelegt hat, schätzen. Ich möchte mit dem, was dein Schatz ist, innerlich leben. Ich möchte deine zitternd machende Not so sehr in meinem eigenen Beben des Herzens wiederfinden, daß ich mit dir Gott liebe. Erst dann liebe ich mit mir diesen Gott. Erst dann habe ich die ganze Wirklichkeit meiner selbst gefunden, wenn du in mir derjenige oder diejenige bist, mit denen ich Gott lieben kann. Und ich liebe dich erst so wie mich selbst, wenn ich dich liebe, wie ich geliebt bin von diesem Gott; wie ich bejaht, angenommen bin; und es gibt keine Faser in meinem Innern, die nicht von Gott geliebt, die nicht von Gott erfüllt ist. Und wie ich nur leben kann, weil Gott mich so liebt, so kannst du nur leben, wenn du genauso geliebt bist, wenn du es an meinem Lieben spürst, daß Er es ist, der dich liebt.

Mich einsmachen mit dir, mit dem Herzen Gottes dich lieben und mit deinem Herzen Ihn lieben: Das ist der neue Stil des Liebens, gelebt zwischen jedem einzelnen und jeder einzelnen, gelebt zwischen den vielen Kulturen, gelebt zwischen den Kirchen und den Völkern, gelebt zwischen den Fremden und den Einheimischen, gelebt zwischen den Armen und den Reichen. Und wenn wir dieses tun, nur dann werden wir die Kraft haben, nicht nur ein paar Almosen "auf die Seite" zu tun, sondern wirklich miteinander zu teilen in dieser göttlichen Gütergemeinschaft, die die einzige Bedingung für die Zukunft der Menschheit ist.

Soeben wurde uns das Evangelium hier auf der Heinrichskanzel verkündet. Diese Heinrichskanzel sagt mir jedesmal, wenn ich sie anschaue, im Grunde dies. Sie ist sicher unter ganz anderen Vorzeichen entstanden, und doch ist ihre Botschaft heute noch mächtig. Heinrich II. hat am Anfang dieses Jahrtausends diese Kanzel gestiftet. Und wie hat er sie geschmückt? Er hat das Kreuz in sie eingezeichnet, und dieses Kreuz ist gefügt aus kostbaren Gefäßen aus dem alten Rom. Er hat die Ecken ausgefüllt mit koptischen Elfenbeinschnitzereien aus Ägypten. Und er hat aus der eigenen damaligen romanischen Kultur die Bilder der Evangelisten eingefügt. Wenn wir das Wort Gottes hören, dann begegnen wir der Fülle der Kulturen, der Worte, der Wirklichkeiten dieser Welt. Das eine Evangelium in seiner vielfältigen Gestalt.

Ich danke unseren Schwestern und Brüdern aus Afrika und Asien, die heute bei uns sind. Sie legen uns mit ihrem Dasein das Evangelium in jener Weite aus, die uns hilft, daß eine andere Welt werden kann. Wir wollen beieinander bleiben in dieser Weite, Tiefe und Offenheit des Herzens. Einander lieben, einander die kostbare Perle sein, einander so begegnen, daß ich mit deinem Herzen Gott liebe und daß ich mit Gottes Herzen dich liebe.

Das Allerheiligenfest wird für uns zum Allerarmenfest

Allerheiligen 1993

Liebe Schwestern und Brüder!

Manchmal haben wir Schemata im Kopf oder noch mehr im Herzen, über die wir uns keine Rechenschaft geben und die doch unser Verhalten und Denken tiefer bestimmen, als man das zunächst meint. Mir scheint, es gibt auch im Blick auf das Allerheiligenfest ein solches Schema in vielen Köpfen. Ich will Ihnen dieses Schema nicht unterschieben, ich will niemandem sagen, du hast es. Aber wenn ich mich selber frage und wenn ich so manche unwillkürlichen Reaktionen von Menschen bedenke, dann kommt mir doch in den Sinn, daß an diesem Schema etwas dran ist. Dieses Schema scheint mir drei Stufen zu haben: Es gibt die großen Heiligen als Menschen eines geistlichen Hochstandes, den wir nie erreichen werden. Es gibt uns selbst als die Schicht eines geistlichen Mittelstandes. Und dann gibt es noch irgendwo unten und abseits einen geistlichen Armenstand, und da wissen wir nicht so recht, was wir damit anfangen sollen.

Beginne ich bei uns, beginne ich bei diesem spirituellen Mittelstand. Wir glauben an Gott, wir sind bereit, sogar gegen den Strom uns an Gottes Gebote zu halten. Wir sind bereit, uns an christlichen Werten zu orientieren und tragen sie sogar in den Beruf. Und während andere bloß Vergnügen kennen, gehen wir in den Gottesdienst. Wir halten schon etwas davon, daß wir Christen sind, und wir haben auch die Hoffnung, daß am Ende alles in der Herrlichkeit Gottes gut enden wird. Aber Heilige - nein. Das können wir nicht. Wir müssen uns doch auch noch einlassen auf die Gesetze dieser Welt und ihres Erfolges, so daß gewisse Dinge für uns nicht in Frage kommen. Und der Schwerpunkt unserer Interessen, der ist schon hier, hier auf dieser Erde, wie es da weitergeht. Das andere ist dann eine Belohnung, die wir am Ende erhalten werden.

Wollte man uns wegziehen von dieser unserer Welt, in der wir uns eingerichtet haben, in der wir mit christlichen Werten operieren, in der wir so zu Hause sind - nein, das können wir nicht. Wollte man uns hineinziehen sogar in die Unterschicht, in die Armenschicht - nein, auch das können wir nicht. Wir sind ziemlich fest entschlossen, unsere Privilegien, die wir haben, zu halten und zu verteidigen, und so schauen wir, daß wir nicht abrutschen in diese Unterschicht. Andererseits muten wir uns aber auch nicht zu, daß wir die großen, die radikalen, die ganzen, die zeichenhaften Heiligen sein werden. Das ist übrigens auch nicht nur schlecht. Ein Mann wie der heilige

Franz von Sales spricht darüber, daß jeder Stand sein eigenes Maß an Heiligkeit hat, und das sagt uns, Menschen, die in unseren bürgerlichen Lebensverhältnissen leben, haben einfach andere Aufgaben, haben eine andere Spiritualität als die der Armen. Aber Franz von Sales meint damit alles eher als Ermäßigung oder Mittelmaß. Er nimmt vorweg, was das Zweite Vatikanische Konzil in seiner Kirchenkonstitution radikal und eindeutig sagt: Wir alle sind zur Vollkommenheit und zur Heiligkeit berufen. Es gibt für jede und jeden einzelnen von uns ein radikales und totales Maß, auf das sein Leben orientiert ist. So sehen wir in dieser Kirchenkonstitution des II. Vaticanum die Charismen neu, wir sehen die Rechte neu, wir sehen die Vollmachten neu, die das ganze Volk Gottes und die alle im Volk Gottes haben. Jede und jeder hat sein Charisma, sein Recht, seine Vollmacht. Diese neue Sicht können wir aber nicht loslösen von dem, was dort sehr radikal über unsere Verpflichtung zur Heiligkeit gesagt ist (vgl. Lumen Gentium 40).

Schauen wir nun auf den geistlichen Hochstand, den spirituellen Hochstand, auf die großen Heiligen. Sie sind jene Fanale, die uns etwas zeigen von der Größe Gottes. Sie faszinieren uns wie ein Franz von Assisi oder ein Vinzenz von Paul oder eine Katharina von Siena oder eine Teresa von Avila. Sie sind Menschen, die vielleicht einfache Menschen waren, die aber irgendwo eine solche Gestaltungskraft Gottes an sich selber zeigten, daß sie Fanale wurden, daß sie auffielen, daß sie in den Blick aller kamen, daß die Kirche sie auf den Leuchter heben konnte und daß sie so sichtbar werden konnten für uns alle. Wir bewundern diese Heiligen und möchten, daß sie uns helfen, aber wir sind weit weg von ihnen, wenn es darum geht, daß wir selbst wie ein heiliger Antonius werden könnten, der den anderen hilft, das Verlorene zu suchen, oder daß wir ein Franz von Assisi werden könnten, der radikal den Armen küßt und der selbst arm wird. So etwas können wir uns von uns selber nicht vorstellen. Und natürlich, es muß auch nicht sein. Aber es bleibt auch für uns die Berufung zur Heiligkeit.

Unsere Berufung zur Heiligkeit entdecken wir, wenn wir uns einmal fragen, wer denn am Allerheiligenfest vor allen Dingen von der Liturgie gemeint ist. Dann fällt uns auf, daß hinter diesem Fest ein sehr einfacher Gedanke steht: Gott ist wunderbar in seinen Heiligen. Viele von ihnen kennen wir, viele sind ins Licht gerückt, aber sehr viele sieht die Öffentlichkeit nicht. Sehr viele sind im Abseits, im Dunkel, tauchen nicht auf, und sie sind doch genauso kostbar, genauso heilig, genauso strahlende Zeugen wie die großen Heiligen. Diese kleinen Heiligen, die oft anonymen Heiligen, sie sind wichtig, und gerade sie sind gemeint mit Allerheiligen. Ich wage zu sagen, die Helden des Allerheiligentages sind jene Heiligen aus dem Armenstand. Und hier begegnet mir etwas, was mich sehr nachdenklich macht.

Diese Heiligen aus dem Armenstand haben mich in der letzten Woche sehr beschäftigt. Ich habe schon ein bißchen an das Allerheiligenfest gedacht, war aber noch eingetaucht in eine Pastoralvisitation in einem Landdekanat unseres Bistums. Da hatte ich zwei Begegnungen, und bei diesen Begegnungen ist mir durch den Kopf geschossen: Das sind deine "Allerheiligen". Die erste Gruppe waren junge Leute, mit gefärbten Haaren und so angezogen, daß wir sie sicher so gut wie nie hier im Dom in einem Gottesdienst sehen werden. Ich war eine Stunde mit ihnen zusammen, man konnte keine großen Gespräche führen, aber beieinander sein und spüren, wie da auch der eine um die andere, die andere um den einen sich annimmt und wie da irgend etwas lebt. Es kam mir einfach nicht aus dem Kopf: Das sind deine "Allerheiligen". Und dann dieselbe Erfahrung noch einmal beim Besuch von armen alten Leuten in einem Heim. Arme alte Leute, die nichts mehr vom Leben haben, die oft kaum mehr sich verständlich machen konnten, denen ich nur schwer deutlich machen konnte, wer ich bin und daß ich jetzt zu ihnen kommen will, da sie nichts mehr "zu vermelden" haben. Und wiederum ging mir durch den Kopf: Das sind deine "Allerheiligen".

Ich rechne nun nicht damit, daß diese Jugendlichen und diese Alten sofort das Maß der Heiligkeit erreichen, aber ich habe etwas kapiert: Sie sind Gott heilig, sie sind ihm wichtig, sie sind ihm kostbar.

Und dann habe ich auf die großen Heiligen und ihre Berufung geschaut und habe festgestellt, daß die Heiligkeit der Großen fast immer damit angefangen hat, daß sie sich zu diesen Heiligen Gottes, zu diesen Kleinen und Armen auf eine unkonventionelle Weise hinbewegt haben. Sie haben ihren Standort verlassen. Sie sind zu den Armen hingegangen, nicht um Almosen zu geben, sondern um Leben mit ihnen zu teilen, um sie so in ihr Leben hineinzunehmen, daß ihr eigenes Leben dadurch verändert wurde. Die radikale Entscheidung für Gott allein ist in den allermeisten Fällen der Heiligengeschichte eine Entscheidung für die Armen, eine Entscheidung für die Kleinen, eine Entscheidung für die Ohnmächtigen. Und zwar eine Entscheidung, die nicht nur die Verhältnisse bessern will und die nicht nur einmal Almosen geben will, und die nicht nur einmal ein bißchen leben will wie sie, um dann wieder in den alten Stand zurückzukehren. Sondern es geht immer um einen inneren Umbruch des Denkens, des Fühlens, des Seins: Ich gehöre zu denen, ich bin genauso vor Gott, ich bin nicht besser, ich habe keinen Anspruch darauf, dieser gehobene Mensch des Mittelstandes zu sein. Nein, ich gehöre auf dieselbe Ebene; denn der einzig Heilige ist auf diese Ebene gestiegen. Deswegen ist er im Stall von Betlehem geboren worden, deswegen war er des Zimmermanns Sohn, deswegen war er der Freund der Kleinen, Armen und Schwachen, deswegen ist er gestorben am Kreuz, nur bekleidet mit einem Lendentuch, deswegen hat er die Gottverlassenheit, die innerste Armut und die äußerste zugleich, als sein letztes Wort uns ins Herz geschrieen.

Ich glaube, nur diese innere Entscheidung für das Armsein vor Gott und für die Armen Gottes öffnet uns den Weg zur Heiligkeit.

In unserer Berufung zur Heiligkeit wählen wir Gott nur radikal, wenn wir die Armen neu sehen und selbst nicht auf einem anderen Niveau stehen, sondern - zumindest innerlich, wenn es unsere Verhältnisse nicht zulassen - mit ihnen verwandt sind. Einer sein wie sie, von innen her sie in mir, in meinem Leben mitleben lassen, egal, wie und wo ich lebe oder arbeite. Ich glaube, das ist der Umbruch, der not tut. Und dann werden wir aus der Mittelmäßigkeit unseres geistlichen Mittelstandes herausgehoben, und wir treffen uns mit den großen Heiligen bei den Letzten und Ärmsten im Armenstand.

Ich wünsche uns, daß das Allerheiligenfest auch für uns ein Allerarmenfest wird.

Leben im Angesicht des Todes und leben in der Gelassenheit des Augenblicks

Allerseelen 1993

Liebe Schwestern und Brüder!

Wer nicht mit dem Tod lebt, der lebt nicht mit dem Leben. Und wer mit seinem eigenen Tod nicht lebt, der lebt nicht mit seinem Leben. Manchmal entdecken wir, daß dieser Vorhang zwischen dem Leben hier und dem Leben in der Vollendung bei Ihm hauchdünn ist. Und dann bekommen wir den Mut und vielleicht auch die Weisheit, dieses Leben so zu leben, daß es ganzes Leben ist, weil es Leben mit dem Tode ist.

Ich habe im Umblick auf große Beispiele, die mich nachdenklich machen und die mir einen Weg zeigen, zwei ganz unterschiedliche gefunden. Zwei Auskünfte, die mir beide sehr wichtig sind, aber aufs erste einander widersprechen.

Ich bin zum einen auf das Gebet eines Menschen gestoßen, das ungefähr wie folgt heißt: "Laß mich heute so leben, als ob es mein letzter Tag sei. Laß mich so beten, als ob ich das letzte Mal mit dir auf dieser Erde sprechen könnte. Laß mich so dich im Nächsten lieben, als ob es die letzte Begegnung mit dir wäre vor jener endgültigen im Tode. Laß mich so leiden, als ob es jetzt das letzte Mal sei, daß ich durch dieses Leiden zu dir komme und daß es Brücke ist zu dir. Laß mich so sprechen, als ob es mein letztes Wort, so handeln, als ob es mein letztes mögliches Geschenk an dich wäre." Also ein Leben, ein Handeln, ein Dasein, das jenes Ende nicht wegschiebt, sondern hereinholt und erkennt, daß wir gerade, indem wir das Ende hereinholen, intensiver leben, radikaler leben, in die Tiefe hinein leben, ganz leben.

Und da ist eine andere Geschichte, die anknüpft an jener bekannten Geschichte des heiligen Aloisius. Beim Spielen sei er einmal gefragt worden, was er denn täte, wenn er in einer Stunde sterben müßte und dies jetzt erführe. Und er sagte ganz einfach: weiterspielen! Ich kenne einen Menschen, der davon sehr betroffen war. Als ihm deutlich wurde, daß er eine Krankheit zum Tode hat, hat er sich erst recht jeden Tag in sein ganz normales alltägliches Programm hineingestellt. Die anderen staunten und fragten diesen Menschen: "Was tust du?" Und er lächelte jedesmal und sagte: "Weiterspielen!" Also den Tod gerade nicht zum Anlaß nehmen, etwas anders zu machen, sondern ganz einfach in die Gelassenheit hinein weiterleben, in die Gelassenheit Gottes.

Das scheinen zwei gegensätzliche Grundmuster zu sein: Leben in der letzten Verantwortung und Leben in der äußersten Gelassenheit. Leben im beständigen Angesicht des Todes und Leben, ohne jetzt andauernd nach dem

Tod zu fragen. Aber ich glaube, ich habe erst dann beide richtig verstanden, als ich verstanden habe, daß beides dasselbe ist. Mit Gott leben heißt, nicht mit Angst leben, sondern im Vertrauen leben, in der Gelassenheit leben. Wissen, daß der Gott, der mir jetzt irgendeine Konferenz oder einen Brief oder eine Begegnung mit einem Nächsten oder ein Kopfweh oder ein gutes Essen zuschickt, daß dieser Gott derselbe ist, dem ich in alle Ewigkeit begegnen werde. Und daß umgekehrt ich mit diesen Dingen nur dann in der wahren Gelassenheit lebe, wenn ich sie in der Endgültigkeit des Vertrauens zu diesem Gott lebe. Mir scheint, daß hier etwas wie ein Maßstab, wie ein Barometer für unser Leben entstehen könnte, eine Waage, an der wir etwas abmessen können. Nur dann, wenn letzte Entschiedenheit mich gelassen macht und wenn ganze Gelassenheit mich entschieden macht, nur dann lebe ich gut. Beides, die Gelassenheit und die Entschiedenheit, die Endgültigkeit und die gelassene Vorläufigkeit, beides ist dieselbe Liebe. Denn ich bin von Ihm geliebt, und das ist entscheidend. Wenn ich dieser Liebe antworte mit dem Augenblick der Liebe, dann bin ich ganz konzentriert, dann ist es wirklich wie das letzte Mal, und dann bin ich ganz frei.

Mögen wir so mit unseren Toten leben, daß sie uns ermutigen, mit unserem Tod zu leben und unser Leben zu leben.

Nicht Nachlaßverwalter der Vergangenheit, sondern Wegbereiter der Zukunft

Pontifikalamt am 7. November 1993 aus Anlaß des 18. Weihetages

---

Liebe Schwestern und Brüder!

Erlauben Sie mir zuerst ein Wort in eigener Sache. Wenn ich heute mit meiner Erkältung die Präfation und einiges anderes sänge, dann hätten Sie mehr den Eindruck vom Hahn der Verleugnung des Petrus als vom Ruf: "Der Bräutigam kommt, auf, ihm entgegen!" Ich werde also nicht wegen mangelnder Freude an der Feierlichkeit, sondern wegen meiner Erkältung die Präfation heute besser sprechen. Aber mit dem Ruf: "Auf, ihm entgegen!" bin ich bereits beim Thema meiner Predigt angekommen. Ich habe nämlich im Sinn einer Gewissenserforschung über 18 Jahre, die seit dem Tag meiner Weihe vergangen sind, einmal das Evangelium von heute (Mt 25, 1-13) gelesen, und dabei sind mir einige Wegweisungen aufgefallen, die für mich, aber auch für Sie gelten können. Ich möchte einfach diese Sätze, die mir da aufgefallen sind, Ihnen weitergeben.

Der erste Satz: nicht Nachlaßverwalter der Vergangenheit, sondern Wegbereiter der Zukunft. Ich bin ehrlich erschrocken, als ich dieses Evangelium las und als ich es verglich mit unserem und meinem normalen Denken über kirchliche Situationen. Wir sind heute stark versucht, nachzudenken über das, was weniger wird und was nicht gutgeht. Ich möchte davor alles eher als die Augen verschließen. Aber wenn ich nur grundsätzlich frage: Wieviel haben wir noch? Wie können wir noch manches bewahren? Wie können wir noch dafür sorgen, daß vieles bleibt?, dann haben wir eigentlich nicht mehr die Blickrichtung des Evangeliums, die Blickrichtung, die auch in der Nacht in das Kommen des Herrn hinein wacht und schaut. Das Entscheidende, die entscheidende Zukunft steht uns bevor, kann uns nicht genommen werden: Der Herr wird kommen! Auf, ihm entgegen! Wir können bei aller Nüchternheit doch nicht auf die Aufbruchsstimmung derer verzichten, die glauben, daß die Zukunft Gottes größer ist als die Vergangenheit unserer Ideale und Traditionen. Wir sind nicht Nachlaßverwalter einer noch so kostbaren und heiligen Vergangenheit, die es zu hüten gilt, sondern in dem und über das hinaus sind wir Wegbereiter für eine Zukunft, die nicht wir machen können, aber die kommen wird, weil Er kommt. Das ist das erste.

Der zweite Satz besteht aus zwei gegenläufigen Sätzen: Die Nacht wird immer dichter. Der Herr kommt immer näher.

Wenn wir die Situation anschauen, dann müssen wir uns beiden Sätzen stellen. Beide Sätze stimmen. Es wäre falsch, wenn wir meinen würden: Die Nacht wird immer dichter, und deswegen kommt der Herr nicht. Oder aber umgekehrt: Der Herr kommt ja, die Nacht spielt keine Rolle. Wir brauchen jene Zuversicht des Glaubens, wir brauchen jene Augen, die vom Geist erleuchtet sind und die auf den kommenden Herrn schauen. Wir brauchen aber aus demselben Geist auch die Gabe der Nüchternheit, um uns nichts vorzumachen vor dem, was ernst ist, was dunkel ist und was schwierig wird. Wir müssen diese Spannung einfach aushalten, diese Spannung zwischen einem - wie manche sagen, anderen gefällt dieses Wort weniger - Verdunsten des Glaubens und jener unbesiegbaren Hoffnung auf Ihn, der kommt.

Jedenfalls wäre eines falsch, entweder deswegen zu verzweifeln, weil wir ausrechnen können, daß es immer schlimmer wird und bis zum Tag X die Statistik absolut auf dem Nullpunkt sein wird. Oder aber umgekehrt, uns Geschichten und Episoden, auch Epochen aus der Kirchengeschichte zurechtzulegen und dann zu sagen: Es gab ja immer wieder einmal so ein Tief, es wird bald schon besser werden, und da und dort hören wir bereits Gras wachsen, alles ist bald vorbei, es wird wieder gut. Es kommt darauf an, sich nicht in ausrechenbare Verzweiflungen und in realitätsferne Hoffnungen zu flüchten, sondern in aller Nüchternheit immer deutlicher zu sehen, wie ernst die Situation des Glaubens ist, aber deswegen den Glauben nicht geringer werden zu lassen, sondern ihn um so mehr an der Hoffnung auf Ihn allein zu entzünden und nach Ihm allein auszuschauen. Dann aber zählen nicht Hoffnungen und nicht Befürchtungen, sondern Furcht Gottes, Nüchternheit und Ausblick. Diese Dimensionen gehören im Evangelium zusammen. Es wird da zwar gesagt, daß der Glaube der vielen erkalten wird und eine kleine Herde übrigbleibt. Aber wir sind nicht jene, die diese kleine Herde durch unsere Verzweiflung produzieren dürfen. Wir sind nicht jene, die durch Zynismus und Rechthaberei dafür sorgen, daß es immer weniger werden. Andererseits sind wir genausowenig jene, die nur mit äußeren Aktionen dafür sorgen, daß noch möglichst viele Leute dableiben, damit die Statistik stimmt. Nicht die Statistik muß stimmen, sondern der Glaube muß stimmen, das Leben muß stimmen. Und dann werden wir auch die Statistik verkraften. Wir brauchen die Leidenschaft für alle und das Wissen, daß es immer schwieriger wird, den Glauben verständlich zu machen in dieser großen Schere zwischen unserer heutigen Kultur und der Botschaft des Evangeliums. Wir sollten eben beide Sätze zugleich sehen und ernst nehmen: Die Nacht wird immer dichter; der Herr kommt immer näher.

Einen dritten Satz habe ich gefunden, der mir wichtig wurde: Sorglosigkeit und Zuversicht einerseits und Vorsicht und Umsicht andererseits machen uns bereit für die Begegnung mit Ihm. Es ist so, daß wir uns keine Sorgen machen sollen, sondern allein das Reich Gottes suchen sollen. Wir sollen nicht fragen, was ziehen wir morgen an, was essen wir morgen, sondern wie die Vögel des Himmels vertrauen. Aber dies heißt nicht, die Haltung der törichten Jungfrauen zu übernehmen und zu sagen: Es wird schon irgendwie gehen, wir sind ja da, und es wird schon klappen. Nein, es geht eben nicht nur um irgend etwas, es geht nicht darum, gerade noch so auf einem Trittbrett gerettet zu werden. Es geht darum, daß wir wirklich erkennen, die Entscheidung für Gott ist die entscheidende Sache unseres Lebens und unserer Welt überhaupt. Wir haben eine Verantwortung, daß Glauben weitergehen kann. Und wir haben eine Verantwortung dafür, daß uns auch der Vorrat nicht ausgeht, um in winterlicher und dunkler Zeit zu sehen, zu glauben und zu hoffen. Wir brauchen diese Bereitschaft, nüchtern Vorsorge zu treffen in aller Freiheit, in allem Wissen, daß nicht wir das Kommen des Herrn machen können, sondern Er kommt.

Ich habe den Eindruck, daß es gut ist, heute nicht immer in der Heilsangst zu leben, wie das manchmal in anderen Generationen war. Ich habe aber den Eindruck, daß es gefährlich ist, zu glauben, das Heil sei eine Selbstverständlichkeit. Ich wünsche mir nicht eine geringere Heilshoffnung, ganz im Gegenteil, aber das Bewußtsein ist notwendig, daß es in dieser Heilsbotschaft ums Ganze, um alles geht. Nur so werden wir wie die klugen Jungfrauen auch das Öl in den Krügen dabeihaben und bereit sein für die Begegnung mit Ihm.

Ein vierter Satz hat sich mir erschlossen: Der Herr ist unser Licht; aber er erwartet auch Licht von uns.

Die, die ihm entgegengehen, sollen Licht mitbringen. Wir brauchen das Licht, und er erwartet unser Licht. Was sollen wir sehen in diesem Licht? Wir sollen in seinem Antlitz das unsere erkennen. Wir sollen in seinem Antlitz das Gesicht jener erkennen, die um uns sind, und gerade jener, in denen er verdunkelt ist. Darauf kommt es an, daß wir erkennen, alles Unsere ist in ihm getragen und geborgen. Wir sind in ihm. Wenn wir sein Licht mitnehmen und ihm entgegenbringen, werden wir in ihm uns erkennen als Geliebte, Erlöste, Durchlittene, Ausgehaltene. Und darauf kommt es an. Wir werden aber auch erkennen, daß gerade die in sein Herz und in sein Antlitz eingeschrieben sind, die weit weg sind, die ganz anders sind, mit denen wir nicht viel zu tun haben wollen. Und nur, wenn wir ihn erkennen in uns und wenn wir uns erkennen in ihm, wenn wir ihn erkennen in den anderen, leuchtet uns sein Licht. Und so wird er sich in uns finden, wenn wir die Weite seiner Liebe, die Weite und Offenheit seines Daseins für alle an uns tragen. Er schaut uns ins Gesicht, und er will in unserem Gesicht sein Antlitz, sein Herz, seine Liebe finden.

So ist es ein fünfter Satz, der - wie ich glaube - wichtig ist: Wir brauchen in der Tat das Öl, aber dieses Öl, das unser Licht ernährt, ist seine Liebe.

Nur wenn wir seine Liebe in uns tragen, tragen wir das in uns, was unser Licht nie ausgehen läßt. Nur wenn wir Ihn lieben, nur wenn wir die lieben, die anders sind und draußen sind, nur wenn wir einander lieben, nur wenn wir eins sind miteinander, nur dann haben wir das Öl, das uns auch dann Licht gibt, wenn äußerlich alles schwierig wird. Das Eigentliche, was uns diese winterliche Nachtsituation bestehen läßt, ist die Liebe, die unerbittliche Liebe. Sie allein ist das Öl, welches das Licht unseres Glaubens hell hält.

Vielleicht sagen Sie, das ist eine Predigt, die uns ein wenig niederdrückt; denn wir haben kein Öl, wir sind so schwach, wir sind an der Grenze. Aber wir dürfen dennoch nicht verzagen. Im selben Atem, in welchem das Matthäusevangelium uns die Geschichte erzählt von den zehn Jungfrauen, erzählt es uns vorher auch die Geschichte von jenen Tagelöhnern, die in der elften Stunde kommen und dasselbe empfangen wie die in der ersten Stunde (vgl. Mt 20, 1-16). Mich hat tief betroffen ein Satz, den ich gelesen habe in diesen Tagen: Der Herr wird einmal keinen Unterschied sehen, und auch wir werden im Himmel keinen Unterschied sehen zwischen denen, die gerettet sind durch die Intensität und den Einsatz ihrer Liebe, und jenen, die gerettet sind aus bloßem Erbarmen. Die bloße Barmherzigkeit, die uns gerade noch rettet, und die Liebe, die wir dem Herrn entgegenbringen, sie sind beide gleich kostbar und gleich wichtig, wir finden da keinen Unterschied.

Und gerade wenn wir dies erkennen, wenn wir Hoffnung, Mut und Zuversicht haben, daß der Herr kommen wird, wenn wir ihm es anvertrauen und wenn wir mit dieser Liebe und mit dieser Hoffnung im Herzen in aller Armseligkeit leben, dann werden wir zu jenen gehören, denen er sagt: Kommt, nehmt teil an meinem Reich, nehmt teil an meinem Mahl, nehmt teil an meiner Zukunft!

Das Vaterunser des Christkindes

Christmette 1993

Liebe Schwestern und Brüder!

In irgendeiner der Kindermetten dieses Nachmittags könnte es vielleicht so oder ähnlich geschehen sein: Der Pastor wird bei einer Kinderpredigt unterbrochen, und da fragt ein Kleiner: Was hat denn das Christkind in der ganzen Heiligen Nacht gemacht? Viele melden sich zu Wort. Die eine meint: gebetet. Der andere: geschlafen. Die dritte: gelächelt. Der vierte: mit Ochs und Esel gespielt. Die nächste: das Lämmchen gestreichelt, das ein Hirte gebracht hat. Und einer meint: das Vaterunser gebetet. Diese letzte Antwort birgt eine komische Vorstellung in sich, aber wenn wir sie näher durchdenken, meine Schwestern und Brüder, ist da eigentlich ungeheuerlich viel drinnen.

"Abba!", "Väterchen!" - so ein vertrautes Familienwort zum Himmel hin gerichtet, das gab es auf Erden noch nicht. Erst mit seiner Geburt hat Jesus, dieses Kind, uns dies gebracht. Der große Weltraum, der große Geschichtsraum zwischen Himmel und Erde wird durchmessen, wird geortet und ausgelotet durch das Kinderwort "Väterchen". Sicher, das ist nicht das einzige Wort in der Geschichte dieses Kindes geblieben. Wir kennen auch jenen feierlichen Ruf zum Vater, den Jesus in seiner Abschiedsstunde spricht. Wir kennen jenes "Vater, in deine Hände empfehle ich meinen Geist" (Lk 23, 46). Wir kennen gar das Ersterben des Vaternamens, wo Jesus nur noch sagt: "Gott, mein Gott, warum hast du mich verlassen" (Mt 27, 46). Aber alle diese Worte Jesu hören wir erst in ihrem unverwechselbaren Klang und in ihrer ganzen Tiefe, wenn wir zuvor mit Jesus als Kinder dieses vertraute Familienwort "Abba!", "Väterchen!" sprechen.

Seit Jesus in der Heiligen Nacht geboren ist, gibt es die fundamental neue Situation der Geschichte zwischen Gott und Mensch, daß wir wirklich mit Jesus in seinem Geist sagen: "Abba, lieber Vater!": in alle Abgründe, in alle Dunkelheiten, in alles Unauslotbare hinein. Wir sollen dies sprechen dürfen mit ihm. Wir werden hineingeholt in dieses neue Verhältnis, nicht weil wir es von uns aus können, nicht weil wir es uns leichtmachen, sondern weil einer gekommen ist, der aus dem innigsten Herzen Gottes, aus der innigsten Einheit Gottes, aus der dreifaltigen Einheit Gottes diese Liebe und Nähe uns gebracht hat. Wie selbstverständlich ruft er uns dahinein. Und so sehr ich ganz persönlich gemeint bin, in meiner Einmaligkeit, in meiner Unwiederholbarkeit, dieses Wort "Abba! Väterchen!" zu sagen, so sehr sind es doch wir miteinander, wir als Gemeinschaft. Indem sich ein neuer Geschichtsraum öffnet zwischen Himmel und Erde, öffnet sich ein neuer Menschheitsraum, indem wir sagen: "Vater unser". In dieser Heiligen Nacht werden wir durch das Vaterunser des Kindes eine einige, weil einzige Familie, in die Gott und alle Schwestern und Brüder und die Mutter Jesu hineingehören.

Uns wird geschenkt, daß wir mit Gott wirklich sprechen können, daß wir seinen Namen nennen können, daß sein Name sich heilig unter uns erweist, daß sein Name heilig ist. Dieser Name ist heilig, nicht als der große Begriff der Philosophen, der kostbar und wichtig ist. Er ist heilig, nicht als die Preisung des Geheimnisses, das wir nur stammelnd aussprechen. Er ist heilig nicht so und nicht so, sondern er ist heilig, indem wir ihn als Kinder, in diesem unglaublichen Vertrauen des Sohnes zum Vater aussprechen.

Sein Reich soll kommen. Und was kann das für ein Reich sein, das das Christkind in der Heiligen Nacht erbittet? Es kann nur das Reich der Kinder sein. Es kann nur jenes Reich sein, in dem die unendliche Zuneigung Gottes sich zu allen Menschen wie zu Kindern zeigt, in der wir selber hineingetaucht werden in diese Liebe und in der das Kind mit seinen Träumen, das Kind mit seinen Idealen, das Kind mit seiner Unschuld, das Kind mit seiner Unmittelbarkeit mehr recht hat als alle unsere erwachsene Weisheit und Problembewußtheit dazu.

Sein Wille soll geschehen, der Wille des Vaters. Und wie ist dieser Wille? Er hat Kinder erschaffen, er ist in einem Kind zu uns gekommen. Das, was Kinder sich wünschen können an Friede, an Freude, an Harmonie, an Miteinander, an Schönem, an Großem, an Unglaublichem, an Wunderbarem, das ist sein Wille für uns. Er will uns nicht irgendwo nur durch die Zone der Dunkelheiten, der Grauheiten, der Probleme führen und untergehen lassen in ihr. Er möchte die heimlichsten Kinderwünsche, die in unserem Herzen sind, bewahren und sie aufblühen lassen durch alles Sterben und allen Abgrund und allen Tod hindurch.

Und dann kann auch das Wunder geschehen, das Wunder jenes Teilens, in dem alle ihr tägliches Brot haben. Dann kann dieses Wunder geschehen des kleinen Jungen, der diese lächerliche Portion Brot und Fisch mitbringt und Tausende damit speist.

Dann werden wir ein Raum der Versöhnung sein. Ein Raum des Erbarmens, ein Raum, in dem wir uns gegenseitig vergeben. Ein Raum, in dem nicht mehr als Letztes und Schrecklichstes zählt, daß ich schuldig bin. Nein, das Christkind kann nicht beten: Vergib uns unsere Schuld - oder doch? Nicht daß es schuldig geworden ist, aber unsere Schuld hat es angenommen. Und jetzt ist es egal, ob ich ein mit Gott versöhnter Verbrecher bin, der sein Erbarmen findet, oder ob ich ein Heiliger bin, der sein ganzes Leben lang alles gutgemacht hat. Ich soll es gutmachen, ich soll darum ringen, aber dieses Erbarmen ist so, wie eben Kinder sind: daß alles allen geschenkt wird.

Freilich sehen wir viel häufiger als diese Seligkeit das Böse, die Versuchung, die Bedrängnis. Manchmal ist dieses Gesicht Gottes - des Abba, des Vaters - zugehangen, manchmal spüren wir ihn nicht, manchmal verstehen wir ihn nicht, manchmal sind wir nur ausgeliefert und ausgehalten. Aber gerade dann, wenn es so ist, wird nichts anderes uns retten können, als daß wir uns nicht verbohren in die eigenen Probleme und in die Ausweglosigkeiten, sondern daß wir diese Erneuerungskraft, diese neue Anfangskraft des Kindes in uns tragen. Vergib uns unsere Schuld, wie auch wir vergeben. Erlöse uns von dem Bösen, befreie uns von der Versuchung.

Sie können nicht ohne Grund, liebe Schwestern und Brüder, zu mir sagen, das sei eine gerade heute zu harmlose Weihnachtspredigt. Aber ich frage mich und frage Sie: Ist dieses Vaterunser des Kindes harmlos? Können wir es beten, ohne es zu leben? Und das müssen wir uns fragen angesichts des Kindes und der Kinder dieser Welt, und dies ist eine Aufgabe, eine Herausforderung, eine Gewissenserforschung, die uns nicht die Weihnachtsfreude verderben will, aber die sie erden und orten will.

Leben wir in jenem Raum, in dem Kinder vertrauen können, daß es ein Vater ist, der uns liebt? In dem etwas von seiner väterlichen und mütterlichen Barmherzigkeit sichtbar wird? Oder leben wir den Kindern nur vor, wie man in einer kalten, berechnenden Welt und in einer Welt des Egoismus und einer Welt des Mißtrauens lebt?

Und wie ist es mit dem heiligen Namen Gottes? Geben wir diesen Namen den Kindern weiter? Oder lernen die Kinder von heute nicht mehr den Namen Gottes und das Sprechen von Gott, das Erzählen von Gott? Ist Gott nicht der Verschwiegene, und sind wir nicht die Gottstummen vor den Kindern unserer Generation?

Und wie ist das mit dem Reich der Kinder? Finden die Kinder wirklich Lebensraum? Das Reich Gottes ist das Reich des Lebens. Wie ist es mit den ungeborenen und den geborenen Kindern? Wie ist es mit den ungezählten, die verhungern? Wie ist es mit ihnen?

Sind wir Menschen, die bereit sind, den Willen Gottes, daß alle leben können, den Willen Gottes, daß jeder unendlich viel wert ist, sind wir bereit, diesen Willen ins Werk zu setzen, zu unserem Willen zu machen? Wenn nicht, ist alles Theater, und wir können von Friedenswillen reden, soviel wie wir wollen. Es gibt unter uns keinen Frieden ohne dieses Wollen, das mit dem Herzen des Kindes das Leben eines jeden Menschen will, wie der Vater im Himmel es will.

Und nur so werden wir endlich unsere Taktiken durchbrechen, uns mit Almosen freizukaufen. Wir werden endlich teilen, teilen auf Weltebene, damit es eine Gerechtigkeit gibt, in der die Kinder aller Länder dieser Erde leben können. Wir werden den Ruf der Armen nach dem täglichen Brot hören. Dieser Ruf wird uns heute am Tag der ADVENIAT-Kollekte besonders ans Herz gelegt. Aber wie ist das in unserem Alltag? Hören wir den Ruf der Armen, teilen wir?

Und wie ist es mit unserer Versöhnungsbereitschaft? Wir sagen, das ist ja Wahnsinn in Burundi, das ist Wahnsinn in Nordirland, das ist Wahnsinn in Bosnien. Ist es nicht manchmal auch Wahnsinn bei uns zu Hause? Ist es nicht manchmal Wahnsinn auch bei uns zwischen verschiedenen Partnern in der Wirtschaft? Ist es nicht Wahnsinn, wie wir manchmal miteinander umgehen? Wie schreckliche Geschichten erfahre ich andauernd auch hier bei uns.

Und schützen wir wirklich unsere Kinder? Bergen wir sie, schaffen wir ihnen einen Raum der Liebe und Geborgenheit, in dem die Versuchung und die Bedrängnis und das Böse überwindbar sind?

Nein, das Vaterunser des Kindes ist nicht harmlos. Aber es ist befreiend. Und wenn wir es beten und leben und es ganz still vielleicht heute abend beten als unser Abendgebet, dann wird Weihnachten, dann können wir vielleicht doch unser erstes und schönstes Weihnachten feiern.

Geborensein heißt Geborgensein

Erster Weihnachtsfeiertag 1993

Meine lieben Schwestern und Brüder!

Ausgerechnet ein besonders korrekter Mitbruder hat durch einen Tippfehler in einem Brief an mich mir das Thema für meine Weihnachtspredigt beschert. Er wollte mir die Daten einer Person mitteilen, und anstelle dessen, daß er geschrieben hätte: geboren am Soundsovielten, hat er geschrieben: geborgen am Soundsovielten.

Geborensein ist Geborgensein. Ist nicht das die Weihnachtsbotschaft? Daß wir eben nicht einfach nur in irgendeinem Prozeß der Abhängigkeiten biologischer oder geschichtlicher Art einmal auf die Welt kommen und dann völlig ausgesetzt bloß da sind, sondern daß wir geborgen sind. Geborgen, weil es einen gibt, in dessen Geburt wir selber hineingeboren sind und der seine Liebe in unsere Geburt hat hineingeboren werden lassen, indem er Mensch geworden ist, indem er dahin kam, wo wir sind, und uns so nicht alleine läßt. Die Weihnachtsbotschaft sagt uns: Geborensein heißt Geborgensein.

Aber ich zittere ein wenig, dies so zu sagen. Ich hoffe, daß sehr viele unter uns sind, die es nicht schwer haben, die keine Probleme haben mit ihrem Geburtstag. Die sagen, ich kann prima Geburtstag feiern, das ist doch schön, daß es mich gibt, und die anderen müssen halt mit mir auskommen. Sie finden mich im Grunde ja auch ganz nett, und ich lebe gern und sage darum: Gut, daß ich geboren bin. Ich wünschte mir, daß wir alle das sagen können. Aber täuschen wir uns nicht darüber hinweg, daß es viele gibt, die dieses nicht sagen können. Und auch sie, ja gerade sie gehören zu uns. Auch sie, ja gerade sie sollen Weihnachten feiern. Auch sie sollen erfahren können, lernen können, ertasten können, sich dem nähern können, daß Geborensein Geborgensein bedeutet. Ja, warum ist das so ein Problem mit dem Geborenwerden?

Wenn ich daran denke, wie viele Menschen an dieser Weihnacht in den Donner der Kanonen, in das Elend, in den Hunger, in den Krieg, in die Ausweglosigkeit, in das vorprogrammierte Verhungern hineingeboren werden, kann ich dann einfach sagen: Mich geht das nichts an, ich bin zum Glück glücklich? Kann ich daran vorbeigehen? Aber ich brauche nicht nur in die Dritte Welt zu blicken. Es gibt viele, denen es auch bei uns schlecht geht. Und es gibt viele bei uns, denen es äußerlich sehr gut geht und die trotzdem mit ihrem Geborenwerden nicht fertig werden. Daß sie in diesen Verhältnissen leben müssen, daß sie da hineingeboren sind, daß sie nichts ändern können, daß sie das einfach übernehmen müssen, daß sie dieses nicht rückgängig machen können, daß sie einfach wissen: Ich bin einmal geboren, und selbst wenn ich mich umbrächte, geboren bleibe ich, ich bin geboren worden, ich muß Stellung dazu nehmen, und es geht nicht.

Ich habe vor einiger Zeit - und das hat mich tief beeindruckt - in einer Sakristei des Bistums ein Plakat gesehen, das zweifellos für einen Gottesdienst da war, der sich kritisch mit der dort vertretenen These auseinandersetzte. Aber es war trotzdem für mich fast gespenstisch, neben den heiligen Geräten in einer kirchlich geprägten Umgebung zwischendrin das Plakat zu sehen. "Man hat mich nicht gefragt, ob ich geboren werden will. Man hat mich nicht gefragt, ob ich sterben will. Jetzt laßt mich doch dazwischen wenigstens leben, wie ich will." Was kann ich dazu sagen? Natürlich kann ich sagen, daß uns der Wille Gottes allein glücklich macht. Natürlich kann ich sagen, daß der Wille Gottes, der über uns steht, letztlich es gut mit uns meint. Natürlich kann ich sagen, daß keiner ins letzte Unglück geboren ist. Aber wer da so richtig drinnensteckt, hilft ihm das etwas? Ich muß natürlich sagen, es ist fatal, wenn ich gegenhalten und dazwischen machen will, was ich will. Dann beenge ich gerade dadurch ja auch den Lebensraum anderer. Dann nehme ich ihnen vielleicht Lebensmöglichkeiten weg. Dann habe ich nicht mehr die Sensibilität, daß sie leben können. Und wenn ich nicht so lebe, daß die anderen leben können, dann stelle ich mir selber das Bein und stolpere darüber, dann geht es am Schluß auch nicht auf, daß ich so leben kann, wie ich will. So hat schon jener recht - aber das allein genügt eben nicht -, der gebetet hat: Lieber Gott, ich danke dir, daß du mich nicht gefragt hast, wie mein Leben ausfallen soll; denn hätte ich es zu tun gehabt, dann wäre es wahrhaft unerträglich geworden. Deine Weisheit ist immer noch besser als die meine.

Was aber sage ich denen, die nicht mit ihrem Geborensein zurechtkommen? Sagen kann ich nichts. Aber hinweisen auf einen kann ich. Auf den, der Geborgenheit ist und der aber dann gekommen ist, um ausgesetzt zu sein für mich und mit mir. Und das ist an Weihnachten geschehen. Im Anfang war das Wort. Wir können auch sagen: Im Anfang war die Geborgenheit. Denn dieses Wort, das ist nicht eine freischwebende Idee. Das ist nicht irgendwo nur ein Produkt Gottes, sondern das ist eine Person. Im Anfang ist eine Gemeinschaft von Personen. Im Anfang ist ein Geliebtwerden eines Sohnes vom Vater und eines Vaters vom Sohn, im Anfang ist dreifaltige Gemeinschaft.Im Anfang ist die Geborgenheit. Und wenn diese Geborgenheit, wenn dieses Wort, wenn dieses Zusammengehören, wenn dieses gegenseitige Sich-Annehmen, wenn diese Liebe in die Welt kommt und nicht aufgenommen wird, was dann? Von dem sprach das Evangelium. Dann genügt es eben nicht, daß dieses Wort als Wort irgendwo auftaucht, sondern die Geborgenheit ist Aussetzung geworden. Die Geborgenheit ist Ausgesetztsein geworden. Das heißt: Das Wort ist Fleisch geworden. Er hat sich da hineingewagt in dieses unser Leben, in diese unsere Wirklichkeit und hat einfach nur gesagt: Ich gehe mit dir, ich trage dich, laß dich mir, wir gehen miteinander zum Vater. Und seither gibt es dies, daß Menschen immer und immer wieder über alle eigenen Nöte und über alle eigene Unfreiheit hinauswachsen zu jener Bereitschaft, sich auszusetzen für die anderen. Wenn wir es wagen, in die Aussetzung des Sohnes Gottes für die anderen hineinzugehen, wenn wir es wagen, uns ihrer Not, ihrer Frage, ihrem Sosein auszusetzen, wenn wir das beginnen, dann ertasten wir jene Geborgenheit, die an Weihnachten gekommen ist. Das Wort, das Gemeinschaft ist, das Wort, das Geborgenheit ist, ist geboren worden, ist ausgesetzt worden. Und so hat Ausgesetztsein angefangen, Geborgenheit zu sein.

Mir geht eine Geschichte nicht aus dem Kopf, die ich vor einer Woche am Telefon gehört habe. Vor zehn Tagen etwa ist Bischof Paul Schruers aus unserem Nachbarbistum Hasselt zu gemeinsamen Freunden nach Burundi geflogen, weil er befreundete Bischöfe, die dort in äußerster Bedrängnis sind, einfach nicht alleinlassen wollte. Er kam zu Erzbischof Ruhuna, den wir beide gut kennen, und sah, daß er in seinem Bischofshaus Hunderte von Leuten aufgenommen hat, die schrecklich in Not waren. Erzbischof Ruhuna hat dies getan, obwohl er selber im Krieg Leute aus seiner eigenen Familie verloren hat und bis ins Letzte betroffen ist. In seinem Haus, wo sehr viele Menschen Geborgenheit suchten, sind sich die Mitglieder der verschiedenen Stämme, die sich bekämpfen, begegnet. Und jetzt konnten sie nur überleben, wenn sie einander halfen zu überleben. Der Erzbischof war dazwischen und konnte ihnen mit seiner Liebe und auch mit seinem Wort etwas sagen von Dem, der sie hier birgt, und er hat ihnen neuen Mut gegeben, sich einander auszusetzen und einander anzunehmen.

Ich weiß, das ist eine schöne Geschichte, die eben nicht überall so passiert. Ich weiß, daß es viele gibt, die sich bekämpfen, obwohl sie glauben oder scheinbar glauben, und das ist ein Wahnsinn. Aber wenn wir - egal wie wir sind - anfangen, uns einander gegenseitig auszusetzen und uns jenen Hauch der Geborgenheit zu geben, den der Herr in die Welt gebracht hat, dann kann es auch und gerade heute geschehen, daß wir erkennen und bekennen und weitersagen und es auch leben: Geborensein ist Geborgensein.

Auf dich, o Herr, habe ich meine Hoffnung gesetzt

Jahresschlußgottesdienst am 31. Dezember 1993

Liebe Schwestern und Brüder!

Es ist eines der großartigsten Zeugnisse der Hoffnung, was wir gleich vernehmen werden am Ende des "Te Deum" von Anton Bruckner. Diese Schlußpartie über das "In te, Domine, speravi", "Auf dich, o Herr, habe ich meine Hoffnung gesetzt. In Ewigkeit werde ich nicht zuschanden" ist ein solches Stück inkarnierter Hoffnung, daß man eigentlich Hoffnung gar nie mehr abtun kann. Aber schauen wir in unsere Zeitgeschichte hinein, dann werden wir entdecken, daß das Wort Hoffnung nicht zu den Hauptworten dieser Epoche zählt. Noch vor 20 Jahren war das ganz anders. Da war das Buch von Bloch über das Prinzip Hoffnung, da war der Synodenbeschluß "Unsere Hoffnung", da waren so viele andere Dokumente, die immer und immer wieder dieses eine Thema variierten, manchmal in sehr kritischer Zeit und manchmal mit großen Sorgen. Dennoch zeigten sie immer wieder die große Spur: die Hoffnung.

Heute ist die Stimmung eher pragmatisch bis resignativ. Natürlich gibt es auch heute Hoffnungen, und natürlich haben wir Grund dazu. Aber welcher Art sind die Hoffnungen, die uns heute vor allem bewegen? Wir hoffen, daß aus dieser vorübergehenden Rezession nicht eine dauernde Umänderung unseres ganzen Arbeitsmarktes, unserer ganzen Wirtschaft so erfolgen wird, daß wir hier ganz anders leben müssen, als dies heute der Fall ist. Wir hoffen, daß doch endlich einmal ein Einsehen ist, wie wahnsinnig diese ethnischen und manchmal sogar noch mit religiösen Motiven verbrämten Auseinandersetzungen von Völkern sind und daß dieser Wahnsinn doch endlich aufhört. Wir hoffen, daß endlich eingesehen wird, daß mit Gewalt nichts zu erreichen ist. Diese und viele andere Hoffnungen spielen für uns heute eine Rolle, und so flammt da dort und dort ein Hoffnungszeichen auf. Es gibt diese kompetenten, wichtigen, dringenden Hoffnungen in unserer Zeit. Aber auch wenn sich alle diese Hoffnungen erfüllen ließen, frage ich mich: Was wäre dann? Ist dann alles gut? Fehlt uns heute nicht doch so etwas wie eine flammende Zukunftsvision?

Ich sehe nicht, daß unsere Gesellschaft verbunden ist durch gemeinsame Ideale. Wenn ich gefragt würde, wie es denn um die Hoffnung steht, dann würde ich überspitzt formulieren: Hoffnungen - ja, Hoffnung - nein. Es gibt in unserer Zeit viele Hoffnungen, aber keine Hoffnung. Das aber ist genau das Gegenteil von dem, was wir bei Anton Bruckner heraushören können. Hoffnungen mögen zerbrechen, Hoffnungen mögen Enttäuschungen werden, Hoffnungen mögen zugrunde gehen, aber die Hoffnung kann mir niemand nehmen. Und wenn ich die Hoffnung habe, dann werde ich auch aufbrechen und neuen Hoffnungen ihr Recht und ihren Weg bereiten.

Hoffnung - wie steht es um sie? Was war denn das Großartige bei den Visionen der Theologie und der Philosophie über die Hoffnung? Man ertastete, man sah und man sagte, daß dem menschlichen Dasein ein Rhythmus innewohnt, der immer und immer wieder ein Ziel entwirft. Dieses Ziel erreichen wir vielleicht nicht. Aber wir korrigieren unseren Entwurf daran, wir bleiben dabei. Es gibt eine innere Dynamik, die immer nach vorne weist und die uns immer das verwandeln hilft, was uns nicht gelingt.

Zu diesen großen Hoffnungsentwürfen gehörte auch der Kommunismus. Sicher, er hat sich selbst Lügen gestraft; denn eine Hoffnung, die wahrhaft Hoffnung ist, muß sich nicht mit Gewalttätigkeit durchsetzen. Aber der Atem der Hoffnung war da. Es war jedoch eine ideologische Hoffnung, eine Hoffnung, die darauf ging, daß der Mensch selber alles und das Entscheidende täte. Eine Hoffnung, die nicht die Balance kannte zwischen Freiheit und Einheit. Deswegen mußte mit innerer Notwendigkeit diese große Hoffnung zerbrechen.

Aber es gab auch eine große Gegenhoffnung, und die ist ebenfalls am Zerbrechen. Die Hoffnung, daß es doch gelingen möge, eine Welt aufzubauen, in der Freiheit und

Friede da sind, in der wir aus innerer Überzeugung solidarisch sind miteinander, in der wir die eine Welt schaffen, in der wir Rücksicht auf kommende Generationen nehmen, in der das Leben sein Recht hat. Auch diese Vorstellungen sind mehr oder minder zerbrochen zusammen mit dem Kommunismus. Denn was haben wir erlebt? Als endlich der große blockhafte Gegensatz von Ost und West weg war, da parzellierten sich die Streitfälle, da wurden die Kriege kleiner, aber fast noch unheimlicher. Wir können nicht mehr absehen, wir können nicht mehr überblicken, was in der Welt los ist. Und so ziehen wir uns zurück und kreisen um uns selbst. Hoffnung hat es heute nicht leicht, Hoffnungen zerbrechen, Hoffnungen finden nicht ihr Bild.

Angesichts dessen entdecke ich in unserer Gesellschaft und auch bei uns drei Strategien, von denen ich überzeugt bin, daß sie nicht die richtige Lösung darstellen. Die erste Strategie ist einfach die, keine Strategie zu haben, sondern einmal die Dinge kommen zu lassen. Man hat seine Eckwerte, die man durchträgt, man möchte, daß es keine Gewalt gibt, man möchte, daß es kein Unrecht gibt, man möchte, daß es ein Minimum an Solidarität gibt, aber im Grunde erhoffen wir nichts weiter, als daß wir überleben können. Wir lassen es kommen, und was da kommt, das flotiert, das schwimmt daher, und wir wissen nicht, was es will. Diese Konzeptionslosigkeit eines bloßen Pragmatismus, in der wir ums Überleben kämpfen und in der wir noch das Beste aus dem herausholen, was da zu machen ist - soll das eine Jugend begeistern? Soll das eine kommende Generation entflammen? Soll das wirklich das Engagement geben, sich einzusetzen? Dieses wohlorganisierte Überleben, bei dem dennoch die Schatten der Not und des Schrecklichen im Hintergrund stehenbleiben - soll das uns Hoffnung für die Zukunft geben?

Die zweite Strategie ist jene der neuen Gewalt. Es ist so, nachdem die großen Gegensätze zerbrochen sind, brechen ganz irrationale andere auf: Nationalismen und kleine Gruppen, die sich fanatisieren. Dahinter steht einfach ein Nicht-gestalten-Wollen, ein Zerstören-Wollen. Aber da muß ich mich korrigieren. Ist es ganz richtig, hier zu sagen: ein Nicht-gestalten-Wollen? Oder steht dahinter nicht vielleicht eine andere Erfahrung? Die Erfahrung, daß dieses bloße Treibenlassen, die Konzeptionslosigkeit, das Einfach-Kommen-Lassen, wie es kommt, daß dies nicht weiterführt. Denn der Mensch braucht doch etwas, was ganz ist. Der Mensch braucht doch etwas, was alle seine Kräfte mobilisiert. Und wenn er das nicht findet, wenn er das nicht hat, wenn ihm das nicht plausibel ist aus seiner Welt und wenn er nicht die Möglichkeiten findet, selber sich zu äußern und zu gestalten, dann kommt er in ein Gegen, dann kommt er in die Gewalt, dann kommt er in die Zerstörung. Schlagen wir nicht ein mit unserer Kritik auf die junge Generation, sondern fragen wir uns, auch als Christen, ob wir gegenüber der Zerstörung den Menschen, besonders den jungen Menschen, die Alternativen gegeben haben im Gestalten und im Aufbau, in der Liebe und in der Hoffnung.

Eine dritte und immer breiter werdende Strategie ist jene der postmodernen konstitutiven Hoffnungslosigkeit, die fast eine geplante Hoffnungslosigkeit ist. Man will gar keine Hoffnung mehr haben - zu was soll ich etwas Großes erhoffen? Ich lebe im Jetzt. Die großen Einheitsentwürfe haben doch immer nur Ideologien gebracht, die großen Einheitsentwürfe endeten in Gewalt. Einfach damit spielen, was jetzt sich gibt. Einfach einmal das tun, was jetzt gerade "in" ist. Einfach einmal schauen, ob etwas dabei ist, was mich trägt. Und wenn es dann nicht mehr trägt, es lassen. So zerbrechen die Beziehungen zu anderen Menschen. Sie werden einmal mehr nur ein Probefeld. So zerbricht das Ja zur Ganzheit des eigenen Lebens. Es wird aus irgendwelchen Quellen gespeist, von mir nie ganz adoptiert, so daß es weder Identität noch Verantwortung gibt. Es zerbrechen die überlieferten Vorstellungen vom Jenseits, die dann irgendwo in esoterischen Ideen von Geburt und Wiedergeburt verlaufen, aber den Menschen in seiner Einmaligkeit nicht stellen, um wirklich Position zu beziehen.

Auch hier wäre es falsch, nur mit dem moralischen Zeigefinger zu kommen. Aber wir müssen uns fragen: Woher kommt das? Wir sind in unserer totalen Mediengesellschaft so vielen Eindrücken ausgesetzt. Wir sind in so viele bunte Fächer hineingestellt und hineingesetzt. Wir haben so viele Bühnen in unserem eigenen Welttheater, auf denen gleichzeitig unser Leben gespielt wird und spielt, so daß wir es im Grunde eigentlich nicht vermögen, eine Verbindlichkeit durchzutragen und zu leben. Aber wenn wir uns von den Verbindlichkeiten zurückziehen, wenn wir alles so geschehen lassen, wenn wir das Beste dabei herausholen in diesem unendlichen Spiel - was dann? Wie soll dann Solidarität wachsen? Wie soll dann dieses Gefälle zwischen Nord und Süd anders werden? Wie soll da in unserer Gesellschaft etwas passieren für jene, die es sich nicht leisten können, dieses Spiel mitzumachen? Was soll dann geschehen?

Es geht so nicht weiter. Wenn unter der zerbrochenen Hoffnung nur die Hoffnungen geistern, und wenn diese Hoffnungen uns zum Treibenlassen oder zur Gewalt oder zur postmodernen Beliebigkeit hintragen, dann ist es nicht gut um uns bestellt. Wo zeigt sich uns heute, liebe Schwestern und Brüder, eine Linie von Hoffnung? Ich glaube, sie zeigt sich uns. Aber, die große Hoffnung wird heute mit kleinen Buchstaben geschrieben. Wenn ich einmal hineinschaue in das, was ich im jetzt zu Ende gehenden Jahr allein in unserem Bistum erfahren habe in Briefen, in Begegnungen, in Visitationen und in vielen anderen Punkten an Bereitschaft, dem anderen zu dienen, doch eine Last zu tragen, doch den Mut nicht sinken zu lassen, doch mit diesem tragischen Schicksal fertig zu werden, doch zu verzeihen und zu erbarmen, doch einen neuen Anfang zu wagen, dann ist das vielleicht ganz klein und ganz wenig gegenüber diesen großen Dingen, von denen ich gesprochen habe. Aber diese kleinen Dinge sind größer, weil in ihnen etwas Unzerstörbares lebt. Es spinnt sich so etwas wie ein feines Netz von Erfahrungen und von Zuversichten, in denen die große Hoffnung wächst. Es zeigt sich im Kleinen, daß eben der Gott, der die Liebe ist und der das Erbarmen ist, der die Solidarität ist und der die Gemeinschaft ist, mehr Recht hat.

Und so darf ich doch zur Umkehr einladen. Kehren wir um zu unserem einen, eigenen Leben. Nehmen wir unser Leben wieder in die Hände und sagen wir nicht, es ist zu schwer, wir schauen lieber zu, was herauskommt. Nehmen wir unser Leben in die Hände, tragen wir es durch.

Kehren wir um zu unserem eigenen Sterben. Flüchten wir uns nicht in irgendwelche Esoteriken, sondern stellen wir uns dem, der uns liebt und der uns anschaut und der uns in die Verantwortung ruft. Und der deswegen, weil er uns in die Verantwortung ruft, uns ein Gewicht und uns einen Ernst und uns eine Würde gibt.

Kehren wir um zu dem Nächsten. Lassen wir ihn nicht an uns vorbeilaufen und zucken wir nicht mit den Achseln, sondern sehen wir, daß, umkehrend zu ihm, wir umkehren zu einer neuen Hoffnung, weil nur dann, wenn wir solidarisch miteinander werden, etwas in dieser Welt sich ändern kann.

Kehren wir um in die eine Welt. Schauen wir wirklich, was in dieser Welt los ist. Achten wir nicht nur darauf, wie es allein uns geht - und die anderen müssen selbst fertig werden.

Kehren wir um zu dieser einen Natur, aus der wir und viele Generationen nach uns noch leben müssen und bei der es nicht egal ist, was wir mit ihr anfangen.

Ja, das ist leicht gesagt: Kehren wir um! Aber wenn wir es im Ernst tun wollen, wie geht das? Es geht nicht anders, als daß wir sagen: Kehren wir um zu Gott. Aber genügt das? Ist dieser Gott nicht manchmal so groß, so fordernd, so fremd, daß wir keinen "Pack-an" bekommen? Ist dieser Gott nicht so überfordernd, daß wir doch wiederum in uns selber zurücksinken? Der Gott, welcher der Vater unseres Herrn Jesus Christus ist, ist nicht zuerst der fordernde Gott. Er ist es auch, und wenn er es nicht wäre, würden wir nicht ernstgenommen. Aber er ist es nicht zuerst, sondern er ist zuerst der uns aushaltende Gott. Gott, du hältst mich aus, wie ich bin. Gott, du hältst diese Welt aus, wie sie ist. Gott, du hältst diesen Nächsten aus, wie er ist. Ausgehalten werden von ihm, der herniedersteigt, der sich entäußert und Knechtsgestalt annimmt, das ist der einzige Weg, in dem sich uns das Tor zur Hoffnung wieder öffnet. Ihn annehmen als den, der uns zuvor angenommen hat. Von ihm uns tragen lassen. Es glauben, daß wir ausgehalten sind. Das ist das Nadelöhr, durch das wir den Faden der Hoffnung eingefädelt bekommen. Dieser Gott kann wahrhaft Hoffnung geben. Und hier kann unsere Kirche mit all ihren Fehlern und Schwächen, mit all ihren zu großen und zu kleinen Forderungen und Anforderungen, hier kann sie etwas Ungeheures sein: eine Gemeinschaft von Menschen, die glauben, daß sie angenommen sind und ausgehalten sind, eine Gemeinschaft von Menschen, die einander aushalten.

Wir haben als Lesung ein Stück aus dem Römerbrief gehört: "Bedrängnis bewirkt Geduld, Geduld aber Bewährung, Bewährung Hoffnung" (Röm 5, 3. 4). Bewährung hat es mit diesem Aushalten zu tun. Im Römerbrief wird uns gesagt, daß aus der Bewährung, dem Aushalten die Hoffnung kommt. Natürlich ist damit zunächst unser Aushalten gemeint. Aber wir dürfen auch einmal dieses Stück gegen den Strich lesen. Wir sind nicht in erster Linie jene, die selber aushalten, sondern die, die ausgehalten sind von Gott. Gottes Uns-Aushalten ist die Spur und der Weg unserer Hoffnung. Ganz leise, ganz klein und doch so groß und so klar und so sicher, daß wir jubelnd mitsingen und mitbeten dürfen, wenn wir gleich Anton Bruckners "Te Deum" hören und wenn gleich uns gesagt ist: "In te, Domine, speravi: non confundar in aeternum." "Auf dich, o Herr, habe ich meine Hoffnung gesetzt. In Ewigkeit werde ich nicht zuschanden."

Die Kirche seines Nächsten wie seine eigene lieben

Grußwort an Weihbischof Evmenios von Lefka am 16. Januar 1994 anläßlich seiner ersten Feier der Göttlichen Liturgie in der St.-Michaels-Kirche der Griechisch-Orthodoxen Gemeinde in Aachen

---

Lieber Mitbruder Evmenios!
Exzellenzen!
Liebe Schwestern und Brüder!

Ich komme in einem Augenblick, in dem ich mich der Ruhe unterwerfen muß, um meine Krankheit noch auszuheilen. Und ich habe auf sehr viele Verpflichtungen in letzter Zeit verzichten müssen, damit ich um so schneller dieses Ziel erreiche. Aber ich kann es nicht lassen, diese Stunde nicht mitzuerleben aus der Nähe des Herzens, die in diesen 16 Jahren, die wir gemeinsam in Aachen sind, gewachsen ist. Es geht mir wirklich zu Herzen, und es ist auch meine Sache, wenn Du, lieber Mitbruder Evmenios, nun die Weihe zum Bischof empfangen hast, wenn wir jetzt miteinander in der Gemeinschaft der Nachfolger der Apostel stehen. Und ich möchte einfach mit wenigen Worten sagen, was die Predigt ist, die Du mir durch Dein Dasein gehalten hast. Ich kenne kaum jemand, der so viel von Dankbarkeit hat spüren lassen. Du bist wie derjenige, der jedesmal, wenn der Herr ihm seine Gaben durch Menschen zuteil werden ließ, zurückkehrte und seinen Dank abstattete und brachte. Darin entdecke ich eine so tiefe Feinheit des Glaubens und des Menschseins, daß sie mir ganz kostbar geworden ist. Ich kenne kaum jemand, der soviel Aufmerksamkeit auf das, was des Bruders oder der Schwester ist, erwiesen hat wie Du. Es konnte kein Fest, es konnte keinen Anlaß, es konnte keinen Schmerz, es konnte keine Freude geben, bei denen nicht von Dir aus die Liebe, die Nähe, das Mittragen, das Mitbeten da waren. Wirklich dieses Band der Einheit sein, wirklich Diener der Einheit sein in dieser Aufmerksamkeit auf das, was des anderen ist, dieses Sich-Einsmachen mit dem anderen, dieses Lachen mit dem Lachenden und Weinen mit dem Weinenden, das war die große Predigt Deines Hier-Seins, Deines Wirkens in unserer Mitte. Ich kenne kaum einen Menschen, dem es gelungen wäre, seine eigene Heimat so zu lieben, daß daraus nicht nur die anderen diese Heimat lieben, sondern daß daraus auch die anderen ihre eigene Heimat zu lieben vermögen. Ich kenne kaum jemand, der so sehr die Kirche seines Nächsten wie seine eigene liebte, daß dadurch die Schönheit der eigenen Kirche gerade ans Licht trat und zugleich das Ja zur eigenen Kirche beim anderen wuchs. So sind es einfach die Gaben der Dankbarkeit, die Gaben des Miteinander, die Gaben der koinonia, die in Deinem Herzen gewachsen sind und die Deine beständige Predigt an uns bleiben. Ich wünsche mir, daß Du diese

Predigt noch lange hier bei uns und unter uns halten kannst. Aber ich fühle mich zugleich in Pflicht genommen, diese Deine Predigt fortzusetzen und auch von meiner Seite diese Deine Predigt für mich und die Meinen und für Dich und die Deinen weiter zu halten.

Ich kenne wohl kaum einen Text der Heiligen Schrift, an den ich jetzt intensiver denken könnte als an den Anfang des 2. Kapitels des Philipperbriefes, wo uns Paulus sagt, daß wir die Gabe des anderen je höher schätzen sollen als die eigene und die Not des anderen je ernster nehmen sollen als die eigene. Das ist geschehen, das möge weiter geschehen. Und es ist für mich ein Zeichen des Heiligen Geistes, der in der Kirche wirkt, daß Dir mit dieser Voraussetzung, daß Dir mit dieser Biographie, daß Dir mit diesen Gaben das Amt des Bischofs anvertraut ist. Auf viele gemeinsame gesegnete Jahre!

Unser entschiedenes Zeugnis wäre der größte Dank an ihn

Predigt des Vorsitzenden der Deutschen Bischofskonferenz, Bischof Karl Lehmann (Mainz), im Trauergottesdienst zum Abschied von Bischof Professor Dr. Dr. h. c. Klaus Hemmerle im Hohen Dom zu Aachen am 29. Januar 1994

Liebe Schwestern und Brüder!

Wir haben lange gebangt, dieser Tag könnte bald kommen. Mit dem Bischof hatten wir angesichts des Ringens der Ärzte Hoffnung, Klaus Hemmerle könnte die heimtückische Krankheit bezwingen und bei uns bleiben. Es ist anders gekommen. Für uns alle überraschend schnell hat sich sein Leben vollendet. Allzu früh. Am 3. April dieses Jahres wäre er 65 Jahre geworden. Wir Christen trauern angesichts eines solchen Verlustes wie andere Menschen, dennoch betrachten wir das Leben und Sterben anders. Wir sind dankbar, daß Gott diesen Priester und Bischof der Kirche, seiner Heimatdiözese Freiburg, seinem Bistum Aachen, seinen Freunden und uns allen geschenkt hat. Die schwere Krankheit am Ende und der jähe Tod haben uns deutlicher erkennen lassen, wie kostbar Klaus Hemmerle für uns alle war und ist.

Die Eltern waren bescheidene und eher arme Leute, aber in ihrer Menschlichkeit und im Herzen sehr reiche und viele beschenkende Menschen. Der Vater, ein Kirchenmaler, und die Mutter, Schwägerin des Musikers Franz Philipp, hatten Klaus große Gaben eines schöpferischen Geistes und einer fein empfindenden Seele in die Wiege gelegt. Die künstlerische Begabung war unverkennbar. Bis in die letzten Tage hinein hat er sich am Abend immer wieder einmal an das Klavier gesetzt und sich in der Tiefe der Musik Mozarts, Bachs und Beethovens erholt. Schon früh machte er Abitur und wurde mit 23 Jahren bereits zum Priester geweiht. Nach der zweijährigen Vikarszeit in Donaueschingen, Kollnau und Rheinfelden begann er seine theologische Doktorarbeit über "Philosophische Grundlagen zu Franz von Baaders Gedanke der Schöpfung", die er in zwei Jahren abschloß. Sein Lehrer Bernhard Welte war in dieser Zeit und später der große Anreger und Freund.

Im selben Jahr 1956 wurde er zum ersten Direktor der neugeschaffenen Katholischen Akademie der Erzdiözese Freiburg berufen. Nun war er in seinem Element. Jetzt wurden immer mehr Menschen auf diesen begabten, menschenfreundlichen und liebenswerten jungen Gelehrten und Priester aufmerksam. In allen Bereichen ging es ihm um zukunftsweisende Fragestellungen. Unaufhörlich blieb er mit Menschen aus allen Lebensbereichen, Denkrichtungen und Wissenschaften im Gespräch. Nach fünf Jahren war der Grund gelegt. Klaus Hemmerle wurde

Assistent bei Bernhard Welte und begann nach 1961 seine große Untersuchung über Gott und das Denken nach Schellings Spätphilosophie, die 1967 von der Theologischen Fakultät der Universität Freiburg zur Habilitation im Fach Religionsphilosophie angenommen wurde.

Der Weg eines vielversprechenden akademischen Lehrers schien eröffnet. Aber es sollte nur ein kurzer Weg sein: 1969 Privatdozent in Bonn, im Jahr darauf Professor für Fundamentaltheologie in Bochum und von 1973 bis 1975 Professor für Christliche Religionsphilosophie als Nachfolger seines Lehrers in Freiburg. Klaus Hemmerle blieb immer geprägt von dieser ungewöhnlich hohen Begabung und der Freiburger Schule seiner Lehrer Bernhard Welte und Max Müller, hinter denen Namen wie Edmund Husserl und Martin Heidegger auftauchen. Ich bin wenigen Menschen begegnet, denen ich das große Wort "genial" zubilligen würde. Klaus Hemmerle war einer. Überall wo er etwas näher betrachtete, kam es unter der Zauberkraft seines Denkens zu einem ursprünglichen Leuchten längst vertrauter, gewohnter und auch verbrauchter Dinge. Er war zugleich ein Meister des Denkens und der Sprache. Nur so konnte er die Dinge wieder taufrisch fast wie am ersten Tag der Schöpfung vor einen hinstellen. Die Klarheit und Folgerichtigkeit seines lebendigen Denkens, das tief in der Anschauung und Erfahrung wurzelte, war ganz ungewöhnlich. Ein kleiner Zettel mit wenigen Stichworten genügte ihm oft, um danach seine Vorlesungen und Vorträge zu entwickeln. Oft waren sie so gut gelungen, daß sie auch schon druckreif waren.

Klaus Hemmerle hat uns so neben einigen gelehrten Büchern ungefähr dreißig Bücher und über 800 Abhandlungen geschenkt, die einen guten Teil seines Vermächtnisses bilden. Anderes harrt gewiß noch der Aufarbeitung.

Als wir Freiburger Professoren vor mehr als 18 Jahren nach Aachen zur Bischofsweihe kamen, wußten wir, daß der Platztausch zwischen dem Professor und dem Bischof ein großer Verlust für die Wissenschaft, aber ein riesiger Gewinn für das Bischofsamt und die ganze Kirche war. Aus dem begabten Lehrer wurde ein wortgewandter Verkünder. Vieles wanderte nun aus dem Bereich bisheriger weltlicher Erfahrung in das Innere der Kirche und umgekehrt. Es war eine wechselseitige Fruchtbarkeit. Klaus Hemmerle stand immer im Schnittpunkt von Kirche und Welt, von Welt- und Heilsdienst. Es war darum kein Zufall, daß er nun 25 Jahre lang als Geistlicher Direktor und später als Geistlicher Assistent im Zentralkomitee der deutschen Katholiken die Laien aus den Räten und Verbänden bei ihrer Suche nach dem gemäßen Christsein in unserer Welt segensreich begleitete. Alle Katholikentage von Essen 1968 bis Dresden 1994 tragen seine Handschrift. Als er vor Monaten einmal daran dachte, einige Ämter aufzugeben, wollte er diese Aufgabe außerhalb seines Bistums als einzige behalten, denn in diesem Vierteljahrhundert fand er im Zentralkomitee der deutschen Katholiken seine wohl treuesten Freunde.

Das Bistum Aachen verliert in Klaus Hemmerle einen großen Bischof. Er war nicht der Mann der lauten Worte. Aber seine leise, ruhige Stimme hatte eine ungewöhnliche Kraft der Verkündigung. Immer wieder kehrte er zum Wort Gottes zurück und entfaltete es in tausend Spiralen als Nahrung des Lebens für viele Menschen. Es war seine Kunst, zugleich so einfach und so tief zu sprechen, daß es die Marktfrau ebenso verstand wie der Professor der Technischen Hochschule. So hat der Bischof von Aachen vor allem durch die Weitergabe seiner geistlichen Erfahrung im Zeugnis des Wortes gewirkt, nicht zuerst durch rechtliche Vollmacht und Gesetz. Gerade so hatte er auch einen großen Sinn für die immer wieder von neuem von ihm zusammengeführte Gemeinschaft im Bistum, aber auch für die Einmaligkeit vieler Persönlichkeiten, nicht zuletzt unter den Priestern; für den Künstler ebenso wie für den Arbeiterpriester. Manche meinten, er sei in dieser echten Liberalität, d. h. in der Freigebigkeit seines Geistes, in diesem großzügigen Gewährenlassen schwach gewesen. In Wirklichkeit war es seine unnachahmliche Stärke, daß er eine so große Vielfalt von Begabungen immer wieder durch die Kraft des Geistes zu einer echten Einheit zusammenführen konnte.

In den letzten Jahren ist "Weggemeinschaft" zu einem zentralen Leitwort seines priesterlich-bischöflichen Wirkens geworden. Der Mann des unermüdlichen Gesprächs wollte durch eine neue Nähe zwischen den Menschen, unter den Gemeinden und Verbänden, die bei aller Verschiedenheit zusammen unterwegs sind, Gemeinschaft vertiefen. In dieser Weggemeinschaft hatte jeder seinen Platz und seine Würde, keiner wurde erdrückt, niemand preisgegeben - und gerade so entstand eine neue Berufung zu wahrer Gemeinschaft. Diese Weggemeinschaft war Bischof Hemmerles Verwirklichung von Communio. Und er wußte nur allzu gut, daß alle künftige pastorale Planung auf Sand baut, wenn es nicht eine neue spirituelle Vernetzung im Bistum gibt, die alle Pläne erst trägt.

Das Unterwegssein hatte ein Ziel. Klaus Hemmerle hat es immer wieder sehr konkret und nüchtern beschrieben. Dieses Ziel ist das Neue Jerusalem, das soeben in der Lesung wieder so eindrucksvoll vor uns erstand (vgl. Offb 21, 1-5). Mehr und mehr wurde der achteckige Bau des Aachener Domes zum Inbegriff der Neuen Stadt, die sich als die Wohnung Gottes für die Menschen auf unsere Erde herabsenkt. Es war die Stadt Gottes, aber es war auch die Stadt einer neuen menschlichen Gemeinschaft, die nach dem Prinzip der Liebe aufgebaut wird. Es war zugleich ein alter Traum schon des jungen Klaus Hemmerle. Denn schon früh hatte er immer wieder den Gedanken, eine Stadt zu malen oder zu konzipieren.

Von da aus hat Klaus Hemmerle immer auch hineingewirkt in die ganze Kirche. Als Vorsitzender der Kommission IV unserer Bischofskonferenz hat er im Laufe von bald 20 Jahren entscheidende Anstöße für geistliche Berufe und kirchliche Dienste in der heutigen Welt gegeben. Wenn unsere Rahmenordnungen für die künftigen Priester, für die Ständigen Diakone, für Pastoralreferenten und Gemeindereferentinnen bei allen Wandlungen zuverlässige Wegweiser für die Entwicklung dieser Berufe geworden und geblieben sind, so ist dies hauptsächlich sein großes Verdienst. Es ist an dieser Stelle kaum anzudeuten, wieviel geistige und spirituelle, in jedem Fall integrative Kraft er der Gemeinschaft der deutschen Bischöfe immer wieder geschenkt hat. Sein Blick ging dabei immer auch weit hinaus in die ganze Welt. Er war froh und dankbar, daß gerade von Aachen aus immer wieder wirksame Zeichen christlicher Solidarität und Sendung in alle Welt hinausgingen und Aachen durch MISEREOR, MISSIO und Kinderhilfswerk eine echte Drehscheibe der Begegnung in der Weltkirche wurde. Kolumbien war dafür das ausgewählte Land, an dem immer wieder der Ernstfall dieser Liebe vom ganzen Bistum Aachen erprobt wurde. Es blieb nicht bei der Deutschen Bischofskonferenz und auch nicht bei den kirchlichen Institutionen. Der Bischof von Aachen wurde gerade auch bei den Bischofssynoden des letzten Jahrzehnts zu einem allseits beachteten und geschätzten, in vielen Verlegenheiten wegweisenden Mitglied. So bringe ich Ihnen mit Kardinal Simonis aus Utrecht und Erzbischof Franck aus Luxemburg unmittelbar von der in unserem Land tagenden Vollversammlung des Rates der Europäischen Bischofskonferenzen - es sind 33 an der Zahl - Worte der Mittrauer und des Dankes.

Weggemeinschaft war für Bischof Hemmerle kein abstraktes Programm. Er hatte so etwas schon seit Ende der fünfziger Jahre zusammen mit dem unvergeßlichen Spiritual von St. Peter bei Freiburg i. Br., Rudolf Herrmann, gesucht und schließlich in der Fokolarbewegung unter der geistlichen Führung von Chiara Lubich gefunden. Sie hat ihm auch ein Lebenswort geschenkt, das ihn immer wieder getragen hat: "Ich bin in meinem Vater, ihr seid in mir, und ich bin in euch" (Joh 14, 20). Daraus hat Klaus Hemmerle sein ganzes Leben und täglich gelebt. In unmittelbarer Nähe steht auch das Leitwort seines bischöflichen Dienstes aus Joh 17, 21: "Laß alle eins sein, damit die Welt glaube." Es ist mehr den Eingeweihten bekannt, wieviel Klaus Hemmerle dieser Bewegung und wieviel das Fokolar ihm selbst jeweils verdankt. Hier hat Klaus Hemmerle in Gemeinschaft das leben können, was ihn auch in der Theologie immer wieder zutiefst bewegte: Dasein in Gemeinschaft, leibhaftiges Lebenszeugnis nach dem Bild des dreifaltigen Gottes.

Dieses Programm, wenn man es einmal so nennen darf, entfaltete sich für Klaus Hemmerle in Gemeinschaft, Geheimnis und Sendung, in communio, mysterium und missio. Unschwer erkennt man darin die Gliederung mancher nachsynodaler Dokumente der Kirche. Aber zuerst ist dies ein Stil des Lebens. Ein solcher Lebensentwurf nimmt Maß am Evangelium. Torheit und Ohnmacht des Kreuzes gehören ebenso dazu wie das Werden wie die Kinder. Keine Spur von Herrschaft und Machtgelüsten. Versöhnung war ihm wichtiger als Erfolg. Kirche ist für alle da, gerade für die Kleinen. Schließlich mündet am Ende alles in die Selbstlosigkeit der Liebe Jesu Christi.

Liebe ist stärker als alle Verhältnisse und Interessen. Liebe allein verwandelt dauerhaft die Welt. Liebe überdauert im Herrn auch den Tod.

Darum danken wir Dir, lieber Bischof Klaus, von ganzem Herzen. Du warst für viele ein Bischof nach dem Herzen Gottes. Du warst es auch für viele Christen in der weiten Ökumene. Das Zeugnis Deiner Menschlichkeit und Heiterkeit hat immer wieder gezeigt, daß Du aus einer letzten Liebe lebst, die auch im Tod nicht untergehen kann. Du hast uns bis in das Sterben hinein vorgelebt: Glauben - wie geht das? "Wer dem Tod ins Gesicht schaut, der schaut dem Leben ins Gesicht", so hast Du einmal geschrieben. Und ein wenig weiter: "Ja, wir sind erlöst zum Sterben, wir sind erlöst zum Leben, wir sind erlöst zu einer Gemeinschaft ohne Grenzen" (Das Wort für uns, Freiburg 1976, S. 105, 108). Zu Ostern 1993 hast Du es in Deinem Ostergruß so zur Sprache gebracht:

"Ich wünsche uns Osteraugen,
die im Tod bis zum Leben,
in der Schuld bis zur Vergebung,
in der Trennung bis zur Einheit,
in den Wunden bis zur Herrlichkeit,
im Menschen bis zu Gott,
in Gott bis zum Menschen,
im Ich bis zum Du
zu sehen vermögen.
Und dazu alle österliche Kraft!"

Auch, ja gerade ein Bischof hat Versuchungen und macht Fehler. Darum beten wir heute auch um die Barmherzigkeit Gottes für Klaus Hemmerle. Aber vielleicht hat - ja, ich bin gewiß - in Klaus Hemmerle, ohne daß wir es so recht merkten, ein heiligmäßiger Priester und Bischof unter uns gelebt. Wenn wir es nicht wahrgenommen haben, ist es noch nicht zu spät. Das entschiedene christliche Zeugnis unseres Lebens wäre der größte Dank an ihn.